儀禮復原研究叢刊

# 儀禮士昏禮、士相見之禮儀節研究
# 儀禮特牲饋食禮儀節研究

中華書局印行

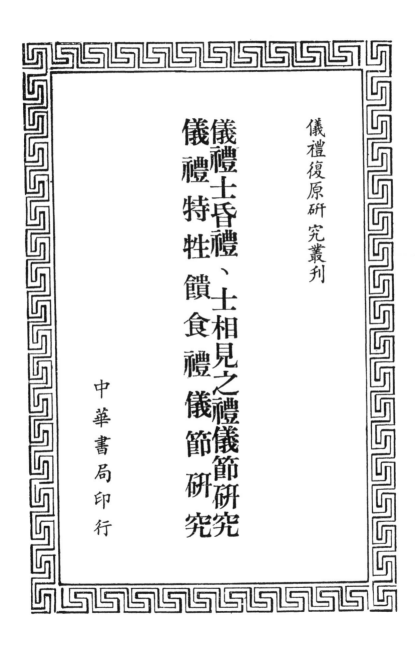

# 儀禮復原研究叢刊序

儀禮一書，爲我國先秦有關禮制、社會習俗，最重要而對於儀節叙述最詳盡的一部書。它是經儒家傳授，源流有自。其內容或不免雜有儒者的思想成分和主張；但是這類有關社會習俗、制度等等的著作，不可能毫無實事根據或歷史傳說，而全然憑空臆造。況且儒家是保存、傳授古代典籍的專家，由他們手中流傳下來的典籍，其中必然有一大部份是它以前，或當時的史實。因此，尤其在史闕有間的今天，這部書不能不算是我國先秦禮俗史上最詳細的史料。可是因爲其儀節的繁複，文法的奇特，句讀的難讀，所以專門來研究它的人，愈來愈少。李濟博士有鑒於此，特倡導用復原實驗的方法，由東亞學會撥予專款，由臺灣大學中文系、考古系同學成立小組，從事集體研討。由臺靜農先生任召集人，由德成指導。

儀禮一書自鄭康成以來，注解者雖名家輩出，但囿於時代之關係，其所用之方法及資料，由今以觀，似乎尚覺方面過少。故此次之研究，各分專題，運用考古學、民俗學、古器物學、參互比較文獻上材料，以及歷代學者研究之心得，詳愼考證，納爲結論，然後將每一動作，以電影寫實的方法表達出來；使讀是書者，觀其文而參其行，可得事半功倍之效。

惟此種方法，爲我國研究古史第一次采用的方法，嘗試之作，疏陋在所難免。影片除另製作外，茲將專題報告，各印成書，集爲叢刊，以備影片參考之需。指導者旣感學植之翦陋；執筆者或亦覺其學之難以濟志。尙希海內通儒達人，不吝教之，幸甚！幸甚！

最後對於李濟博士提倡學術之意，致崇敬之忱；幷致最深誠摯之謝意。

孔德成序

中華民國五十八年十二月十八日

張光裕　著

# 儀禮士昏禮、士相見之禮儀節研究

# 凡　例

（一）本篇根據士昏禮的原文，分成十五章，把經文中一句或數句，依順文義，斷爲小節，然後把精要的部份，選用各家的說法，或加案語作爲說明。

（二）該小節之內，單用注疏便可以說得明白的，便不再加案語。過於簡單的經文，注文也予以省略。

（三）說明之後，還需要用圖畫來表示的，便加上揷圖或照片。

（四）如果對某一問題的探討，涉及的範圍較廣，便把它們歸在附錄裏討論。

（五）對禮法的解釋，各家的說法太多，可采者則采之，不可采者，亦不俱辯。但選用的時候，不免有遺珠之憾，所以有遺漏或錯誤的說法，希望以後能够隨時有機會補正。

# 目錄

# 一、儀禮士昏禮儀節研究

## 第一章 納采

### 昏禮

禮記昏義：「昏禮者，將合二姓之好，上以事宗廟，下以繼後世也。」

儀禮士昏禮記：「士昏禮，凡行事，必用昏昕，受諸禰廟。」鄭注：「用昕，使者；用昏，婿也。」張爾岐句讀：「昕，朝旦也，婿用昏，親迎時也，使者用昕，納采、問名、納吉、納徵、請期，使向女家時也，受諸禰廟，男家禮至，並於禰廟受之也。」

案從古代一直到今天，結婚的確是一件莫大的喜事；所以昏禮的舉行，也特別隆重。在這篇士昏禮裏，敍述一個昏禮的完成，要分納采、問名、納吉、納徵、請期、親迎等六個階段，他們行禮的時間，張爾岐的句讀已經說得很明白了。不過在儀禮裏，對昏禮的進行，並沒有舉樂的記載，這一點和今天的情形截然不同。

在武威漢簡裏，很可惜的，我們看不到士昏禮這一篇，所以我們對經文中所說的「昏禮」，是指一般的昏禮抑或單是指士人階級的昏禮？這點是我們首先要明確判別的。如果是指一般昏禮來說的話，便可以解釋爲自天子至於庶人，都是用這種禮節；如果是指士人階級的昏禮，那麼經文「下達」一語的解釋便不同了；因爲那只是男尊女卑的緣故。不過自漢鄭玄以來都把它解釋爲「士昏禮」，那我們還是把它當作是「士昏禮」好了。

## 下　達

案古代男子的地位比較女子尊貴，很多事情都是以男方爲主動；直到今天，我們還可以看到這痕跡的遺留。

當男方想要納娶媳婦兒的時候，便先託請媒使向女家提親——下達。而這個媒使是代表着男家主人的身份，所以女家的主人也要把他當作是朋友來看待；如果女家接受了這門親事，以後便繼續納采、問名等禮節。

## 納采、用鴈

士昏禮記：「摯不用死。」

禮記曲禮：「凡摯、天子鬯、諸侯圭、卿羔、大夫鴈、士雉、庶人之摯匹。」

案鴈是用來贄見的禮物。士相見禮注：「贄，所執以至者，君子見於所尊敬，必執贄以將其厚意也。」今士人不用雉而用鴈，正具有鄭康成所謂「攝盛」的意義。

士相見禮：「下大夫相見，以鴈，飾之以布，維之以索，如執雉。」注：「鴈取知時，飛翔有行列也；飾之以布，謂裁縫衣其身也；維，謂繫聯其足。」以此作爲準則，昏禮時所用的鴈也是「飾之以布，維之以索」的了。

主人筵于戶西、西上，右几

案筵席可參考沈其麗同學器物部份。戶，參考鄭良樹同學部份。

昏義：「納采、問名、納吉、納徵、請期，皆主人筵几于廟。」談到布席，我們便會聯想到升席、降席和坐席的方法是怎樣，為了行文上的方便，我們把它擺在附錄裏討論。

本經注云：「筵為神布席也。」按士虞：「布席于室中，東面右几。」特牲：「祝筵几于室中東面。」少牢：「司宮筵于奧。祝設几于筵上，右之。」這樣看來，鄭注「為神布席」的說法是對的。

使者玄端至，擯者出請事，入告

鄭注：「擯者，有司佐禮者。請，猶問也，禮不必事，雖知，猶問之，重慎也。」

句讀：「前已有媒氏通言，今使者至門，當知有昏事，而猶問之，是重慎也。」

案使者就是男方所使納采的人。擯者是女家幫助行禮的人，使者至，擯者便出門問事；使者把來意道達後，擯者再入門向主人報告。他們在門外對答的話，應該就是士昏禮記中所載的昏辭。

記云：「昏辭曰：『吾子有惠，貺室某也，某有先人之禮，使某也請納采。』對曰：「某之子惷愚，又弗能教，吾子命之，某不敢辭。」首句「吾子」指女父，次句「吾子」指婿父；室某，某指婿；某有，某指婿父；使某，某指使者。對，指擯者對；某之子，某，女父名；子，女名；某敢，某，女父名。

又使者到女家以前，應該有受命的程序。記云：「宗子無父，母命之；親皆沒，已躬命之，支子，則稱其宗。弟，則稱其兄。」使者受命的位置是入門，居右，北面（約聘禮）；主人則下堂，在中庭南面命之（約燕禮、聘禮）。

## 主人如賓服，迎于門外，再拜，賓不答拜，揖入

凌廷堪禮經釋例：「凡爲人使者不答拜。」

案主人穿着玄端服（服制請參考陳瑞庚同學服飾部份），在大門外迎接來使。這時主人面向西，使者面向東（據士冠禮）；主人對着使者作了兩次拜，而來使却不回禮，表示不敢居尊承受主人的大禮，也有謙遜的意思。

拜和揖的動作，在行禮的時候都要用到。有關「拜」的討論請參看附錄。現在把在昏禮中要用到的拜的動作拍成照片，逐一列出，並約略分述如下：

### （一）拜

拜，說文云：「拜，首至手也。」（从段玉裁改）按拜有立拜和跪拜的分別，這是指男子

一般的拜而言，是以左手緊抱右拳，在胸前微往上抬，腰部和頸部向前彎，頭部也隨卽往下俯靠兩手，左手拇指剛好貼着額際，拜的動作也就完成了。

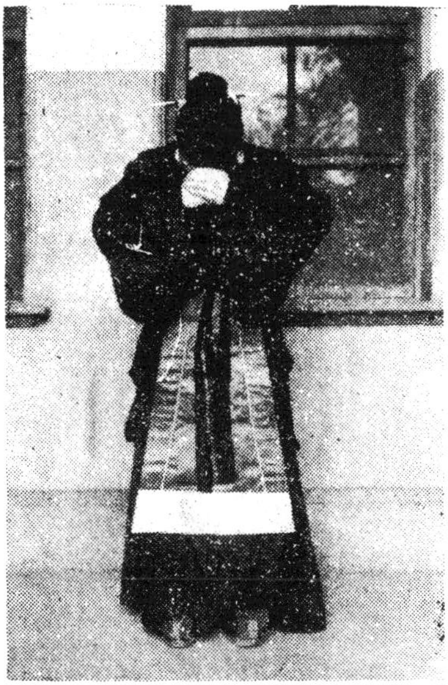

圖一　站着的正面拜

圖二　從左側來看的正面拜姿

圖三　從右側來看的正面拜姿

圖四　正面的跪拜

圖五　從右側看來的跪拜

(二) **稽首拜**（可參附錄(三)的「拜顚首」釋義）

這是男子的拜中最隆重的大禮；兩膝並攏跪在地上，左右手同時按地，左手指掌朝右，右手指掌朝左，然後彎腰拜頭至手。

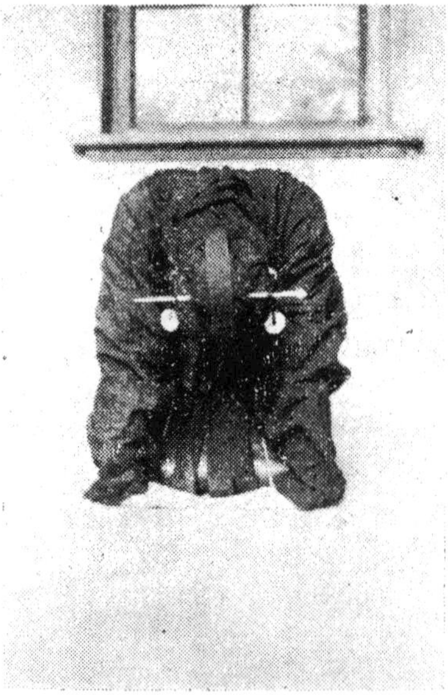
圖六　正面的稽首拜

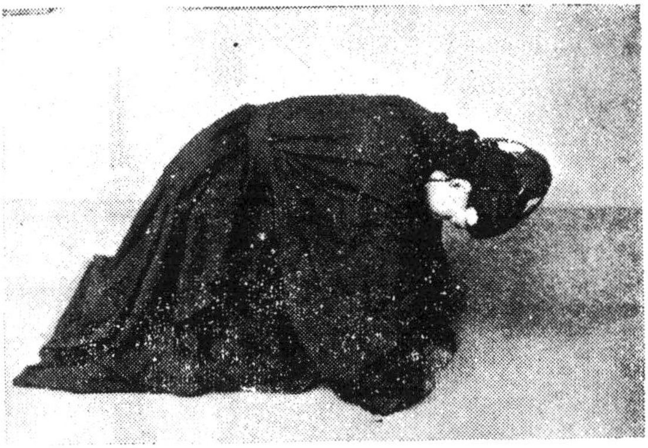

圖七　從右側來看的稽首拜

圖八

### （三）肅拜

這是女子拜中的正禮。鄭注：「肅拜，拜低頭也。」除了低頭外，便是把右手掌疊在左手背的上面，緊貼腹際，上身略向前彎，然後兩手自上身右側往下移動。

### （四）扱地拜

這是女子拜中的大禮，與男子的稽首拜是相當的；也是跪在地上，雙手按地，左右手掌分別朝右和朝左，彎腰拜頭。

圖九　正面的扱地拜

圖十　從左側來看的扱地拜

（五）揖

這是男子專有的禮節，爲女子所無的。它的動作是以左手緊抱右拳，自胸口部位朝前方伸直推出，頭部、頸部和腰部也隨着向前俯彎。鄉飲酒禮：「賓厭介，介厭衆賓。」注云：「推手曰揖、引手曰厭。」

圖十一　正面的揖

圖十二　從右側來看的揖時放大圖

圖十三　正面揖時的放大圖

圖十四　從右側來看的揖姿

案除了稽首拜和扱地拜以外，其他的拜和肅拜，需要站立或坐下，都要看行禮的當時來決定。

把拜的方法說過以後，還要附帶說明一下，平常站着、坐着和跪着的時候是怎樣子的，以下也是簡單的用圖片來逐一表明。

圖十五　站着的時候，男子是用左手掌交疊在右手背的上面（女子則反之），貼放在腹前腰帶的部位。這是男子兩手擺法的放大圖。

圖十六　坐的時候，是兩腿並攏，上身坐在兩腳跟的上面，而兩手的擺法，我們根據甲骨文「卩」的字形結構以及殷虛出土的石彫坐像（參史語所集刊二四期李濟之先生跪坐蹲踞與箕踞文後附圖）來推定是垂放在雙腿上的。

圖十七　女子坐的時候，也是和男子一樣。

圖十八　跪的時候，也是兩腿並攏，用膝部跪地，膝部以上成直立的姿勢，兩手的擺法則是和站着的時候相同。

## 至於廟門、揖入

案主客入大門後，便向右拐，到達了廟門，再次揖入。據士冠禮說：「每曲揖，至於廟門。」那麼，未入廟門以前，應該也是每曲揖的了。

## 三揖

士冠禮鄭注：「入門，將右曲，揖；將北曲，揖；當碑，揖。」

案主人和賓入了廟門以後，兩人便向東西分路而走（主人向東，使者向西。）將要轉彎的時候，朝北互作一揖，當主賓向北轉後，又互作一揖，當走到與碑平行的位置，又朝北一揖，加起來總共是三揖，這是主客入廟或入寢時一定的禮節。

## 至于階、三讓

案聘禮記：「升堂讓。」注：「讓，謂舉手平衡也。」我們從曲禮：「國君則平衡。」（謂奉物時如此）注：「謂與心平。」約略得見「舉手平衡」的端倪。由聘禮記注以及本經的文義上，可以推知「讓」是主客互相謙讓的一種動作。賓主升階以前先要作三次的讓，這是禮的通例。

## 主人以賓升、西面、賓升西階

儀禮義疏：「升階之法，賓尊者於主人之讓賓則升。如聘禮主君使卿歸饔餼，大夫先升一等，賓朝服問卿，賓升一等，大夫從；又覲禮，王使人勞侯氏，使者不讓，先升。皆是也。主人尊及賓主敵者，賓三讓，既乃主人先升道賓。如聘禮受玉，公升二等，賓升。鄉飲酒，主人升，賓升。此主人尊者也。鄉射，主人升一等，賓升。聘禮賓儐卿時，賓升一等，大夫升。問卿大夫儐賓，大夫升一等，賓從之。此賓主敵者也。曲禮云，主人與客讓登，主人先登，客從之。可見賓主敵體，亦主人先升一等導賓也。」

案本節裏主人和使者的身份是相等的，所以也應該是主客三讓之後，主人先升一等，表示導引之意。又主人是升自東階，拾級的時候，先抬右足，左足隨上，聚足連步，賓客則升自西階，拾級時先抬左足，恰與主人的動作相反。我們再看

曲禮：「主人與客讓登，主人先登，客從之，拾級聚足，連步以上，上於東階則先右足，上於西階則先左足。」便十分明瞭了，因此主人升東階，賓升西階，也是禮的通例。

如果是賓主敵體的話，則是「拾級聚足，連步以上。」否則如燕禮記云：「凡公所辭，皆栗階。」注：「栗，蹙也，謂越等急趨君命也。」尊卑的差別，升階的方法便互有不同。

士冠禮：「主人升，立于序端，西面。」我們可以據此說本節的「主人以賓升，西面。」也應當是主人先升階，立於序端，面向西方，等待客人登上最後一級台階，趨至當阿的部位，主人才行前數步，站到當楣的部位。

當阿，東面致命，主人阼階上北面答拜

鄭注：「阿，棟也。」

案致命，是使者轉達其主人（壻父）使行納采禮的說話。本節「主人」是指父女。

賓客在西階升堂以後，便往前行至頭頂與棟相對的部位，面向着站在東面的主人道達來意，說：「敢納采。」（記）主人在阼階上聽了以後，便朝北作了兩次拜。

## 授于楹間，南面

禮經釋例：「凡授受之禮，敵者于楹間，不敵者不于楹間。」

又云：「凡授受之禮，同面者謂之竝授受。」

曲禮：「向於客、并、然後受。」

案「敵」就是表示身份相當，因爲來使既然是代表着男家主人的身份，所以和女家主人的身份相等，於是「授于楹間，南面。」

## 賓降，出，主人降，授老鴈

案賓，指使者；主人，指女父；老，主人家中有地位的老臣。賓降自西階，出自廟門；主人則降自東階，把剛才接受了的鴈交給了一個年紀較大和身份較高的家臣。

# 第二章　問　名

## 擯者出請，賓執鴈，請問名

按擯者，即女家相禮的人，和行納采禮時的擯者是同一個人；賓，是男方使者。擯者出於大門，向客人請問有什麼事，賓手裏也是拿着一隻鴈回答說，要請問待婚女子的芳名。鄭注云：「問名者，將歸卜其吉凶。」這是昏禮中的第二個步驟。使者在女家問得該女子的名，便帶回男家，男家將它問之于卜，如果是吉祥的話，便繼續第三個步驟——納吉。

## 主人許，賓入授，如初禮

按女家主人答應了，便再舉行授鴈的儀節。如初禮者，也就是和納采禮的進行相同，只是他們堂上的對話有所不同。賓升西階後，也是當阿，朝東面向女家主人。他們的對話是這樣的：「（使者）曰：『某既受命，將加諸卜，敢請女爲誰氏。』」（記）某，使者名，受命，受女方允許納采之命；誰氏，鄭注云：「謙也，不必其主人之女。」「主人受鴈，還（阼階上），西面對，對曰：『吾子有命，且以備數而擇之，某不敢辭。』賓受命，乃降。」（記）吾子，指男父；且以備數而擇之者，是說在您許多選擇的對象中而選擇了她（主人的女兒），是一種謙詞；某，指女父。

# 第三章　醴使者

## 擯者出請，賓告事畢，入告，出請醴賓

案問名的禮節完了以後，隨着主人便正式用醴酒來款待使者，至於本節擯、賓彼此對答的說話，在記文中都有記載。

「(擯)曰：『子爲事故，至於某某之室，某有先人之禮，請醴從者。』」(記)子，指使者；某，女父名；從者，言使者的隨從，都是謙詞。

「(賓)對曰：『某既得將事矣，敢辭。』」(記)使者謂既得行納采、問名的禮，用敢辭謝以醴酒款待的禮。

「(擯曰)：『先人之禮，敢固以請。』」(記)先人，女父的先人；固，堅決。這是擯者代女父邀請的說話。

「(賓曰)：『某辭不得命，敢不從也。』」(記)某，使者名。

## 賓禮辭、許

鄭注：「禮辭。」

使者辭謝了一次後，便答應了。

**主人徹几，改筵，東上，側尊甒醴于房中**

案「徹几，改筵。」是爲了醴賓的緣故。

士冠禮：「蒲筵二，在南。」（房中西墉下的南面。）

士昏禮記：「婦席薦饌于房。」

公食記：「……蒲筵……皆卷自末，宰夫筵，出自東房。」

由以上的記載可知筵都是在東房的西墉下準備着的，所以取用及改徹皆自東房。

這時東房內的西墉下又擺置了一尊裝醴酒的甒（據士冠禮冠日陳設：「……陳服于房中西墉下……側尊一甒醴，在服北。有篚、實勺、觶、角柶、脯醢、南上。」注：「側，猶特也。」）

側尊，就是只用一個甒尊。甒，參考器物部份。

鄭注：「側尊，亦言無玄酒，側尊于房中，亦有篚，有籩豆，如冠禮之設。」

**主人迎賓于廟門外，揖讓如初，升，主人北面再拜，賓西階上北面答拜**

案揖讓如初，是說從廟內到堂上的禮節，和納采、問名，並沒有兩樣。

**主人拂几授校，拜送，賓以几辟，北面設于坐，左之，西階上答拜**

案校，鄭注：「几足。」以几辟者是辟主人的拜禮，禮記曲禮曰：「則客還辟，辟（避）拜也。」
几的授受儀節，我們可以有司徹主人獻尸節所述爲準：「宰授几，主人受，二手橫執几揖尸：主人西面，左手執几，縮之，以右袂推拂几，二手橫執几，進授尸于筵前，尸進，二手受于手間，主人退，尸還几，縮之，右手執外廉，北面奠于筵上，左之，南縮，不坐。主人東楹東，北面拜，尸復位，尸與侑皆北面答拜。」
除了尸不必以几避開主人的拜禮外，對几的授受情形，最是明白不過了。

## 贊者酌醴，加角柶、面葉、出于房

鄭注：「贊，佐也，佐主人酌事也。」
士冠禮面葉注：「面，前也；葉、柶大端。」
按贊者是在東房內西墉下的甒尊裏酌醴，觶是取自尊北的篚內，贊者把醴盛在觶中後，便把角柶加于觶口上，柶葉的部位朝向前方，柶柄則對着自己。（角柶的形製，請參考器物部份。）

## 主人受醴、面枋、筵前西北面，賓拜受醴，復位，主人阼階上拜送

案枋，士冠禮注：「今文爲柄。」主人從贊者手中把觶接過來後，觶口上柶的柄便朝着前方，然後主人走到筵前朝着西北把醴酒交給使者。授受醴酒的儀節，我們可以和鄉飲酒禮主人獻賓的一節互爲參考。

鄉飲酒禮。「（主人）賓之席前，西北面，獻賓，賓西階上拜，主人少退，賓進受爵，以復位，主人阼階上拜送爵，賓少退。」

## 贊者薦脯、醢

案凡進薦者必坐，如少牢陰厭云：

「主婦被錫，衣侈袂，薦自東房、韭菹、醓醢、坐奠于筵前。」因此坐薦應該是沒有問題的。

至於脯醢在房中的陳列部位如何呢？在士冠禮冠日陳設節中說：「側尊一甒醴，在服北，有篚，實勺、觶、角柶。脯、醢，南上。」注：「南上者，篚次尊，籩豆次篚。」那麼脯醢應是設於東房西墉下篚的北面。

脯醢在席前擺設的位置，當如玉藻所說：「豆去席尺。」我們再看

特牲陰厭：「主婦盥于房中，薦兩豆，葵菹、蝸醢，醢在北。」

士虞陰厭：「贊薦菹醢，醢在北。」

本篇婦至成禮：「贊者設醬于席前，菹醢在其北……設對醬于東，菹醢在其南，北上……。」

凡陳設皆由右而左，菹醢並陳時，則菹在醢右，今脯醢並列，則脯在醢右。言左右者，以食時人的左右爲左右。

說文解字云：「脯，乾肉也。」

周禮腊人注：「薄析曰脯。」

曲禮上：「以脯脩置者，左朐右末。」注：「有薑桂曰脯。」

士冠禮夏殷冠子章：「籩，栗、脯。」又：「取籩脯以降。」

既夕禮大遣奠章：「四籩，棗、糗、栗、脯。」

周禮天官籩人：「加籩之實，蔆芡㮚脯。」

鄉射禮記：「薦脯用籩，五膱，祭半膱橫于上，醢以豆，出自東房。膱長尺二寸。」（尺寸的比例請參陳瑞庚先生服飾部份。）

鄉飲酒禮記：「薦脯五挺，橫祭于其上，出自右房。」注：「挺，猶膱也。鄉射禮曰，祭半膱，膱長尺有二寸……曲禮曰，以脯脩置者，左朐右末。」

特牲獻賓節：「薦脯醢……祭豆。」

周禮天官腊人：「凡祭祀共豆脯、薦脯……。」注：「脯非豆實，豆當爲毒聲之誤。」孫詒讓周禮正義：「據爾雅釋器：『竹豆謂之籩。』是籩亦可稱豆。」

從這些記載可以了解，脯是調有薑桂的肉乾，而用籩來盛放，句讀云：「薦脯用籩，其挺五，別有半挺橫于上以待祭，脯本橫設人前，橫祭者，於脯爲橫，於人爲縮，陳之左房，至薦時，乃出之。」

文物一九五九年第十期，長沙烈士公園三號木槨墓清理簡報的報導說：「有肉脯的遺跡，共二十六條，黑色，每條長一〇——二〇厘米，拉扯時能看到肉質纖維，似屬豬肉一類。」這出土的材料可以作爲肉脯形制的一種參考。

說文解字云：「醢，肉醬（醬）也。」
周禮醢人注引司農云：「無骨爲醢。」
醢是肉醬，而盛之以豆。籩和豆的形制，請參看器物部份。

賓卽筵坐，左執觶，祭脯醢，以柶祭醴三

案賓升由席西，升必中席。（請參考附錄）
鄭注：「左執觶，則祭以右手也，凡祭，於脯醢之豆間。」
在祭醴酒以前，先祭脯醢，有司徹主人獻長賓：
「賓坐，左執爵，右脯，擩于醢，祭之。」公食和特牲的記載亦同。凡祭則必於豆間，以柶祭醴三者，據本經記云：「祭醴，始扱壹祭，又扱再祭。」再祭卽祭兩次，加起來便是祭三次。

西階上北面坐啐醴，建柶興，坐奠觶，遂拜，主人答拜

案啐，注：「嘗也。」建柶，注：「扱柶也。」扱，釋文本作扱，亦作极，又作插。扱柶，就是把柶插回觶中。主人答拜，在東階上北面答拜。

賓卽筵，奠于薦左。降筵，北面坐取脯，主人辭

案：鄭注云：「薦左，籩豆之東。」在儀禮中，凡飲酒禮告一段落或結束時，爵、觶要否再使用或移動，由爵觶在筵前奠放的部位，大致可加以確定。例如鄉飲主人酬賓：

「賓西階上立，主人實觶，賓之席前北面，賓西階上拜，主人少退。卒拜，進，坐奠觶于薦西。賓辭，坐取觶，復位主人阼階上拜送，賓北面坐奠觶于薦東，復位。」薦西即薦右，薦東即薦左，主人把該觶擺在薦右，爲的是酬賓再用酒，但賓明白禮至此已告結束，故謙辭不受，乃取觶改奠于薦左。又如鄉飲主人獻賓：「主人阼階東凝立，賓坐，左執爵，祭脯醢，奠爵于薦西……坐捝手，遂祭酒……。」賓奠爵後仍有祭酒的動作，故奠於薦西。本經「奠于薦左」及下經贊醴婦「奠於薦東」，都是飲酒禮已告一段落的表示。其他的例子還有很多，不憚煩舉了，要之，這是禮的通例，我們是應該要知道的。

記云：「賓右取脯，左奉之。」

鄭注：「自取脯者，尊主人之賜，將歸，執以反命，辭者，辭其親徹。」

特牲、有司徹皆云：「賓坐，取祭以降。」有司注：「祭，脯肺。」士冠禮賓醴冠者畢，冠者「北面坐取脯」以見母。又夏殷冠子章：「取籩脯以降。」本經亦說「坐取脯」，但却不說取祭，那麼應當是取籩中未用過的脯。爲了不敢勞駕主人，便自己動手取脯。而主人則說一些不敢當之類的謙詞。

## 賓降，授人脯，出，主人送于門外，再拜

按釋例云：「拜送之禮，送者拜，去者不拜。」鄉飲酒禮、鄉射禮、聘禮、公食及本篇都是如此。

賓降，是從西階而降。賓歸復命，記文中有記載。記：「（賓）乃歸，執以反命。」執，即執脯。

又：「凡使者歸，反命曰：『某既得將事矣，敢以禮告。』主人曰：『聞命矣。』」回主人家覆命時主人和使者的位置，和主人命使者往女家時部位相當。

# 第四章　納　吉

## 納吉、用鴈、如納采禮

鄭注：「歸卜於廟，得吉兆，復使使者往告，婚姻之事於是定。」

案記文有賓主在堂上致命和對話的記載，現在把它附引如下：

記：「（賓）曰：『吾子有貺命，某加諸卜，占曰吉，使某也敢告。』（主人）對曰：『某之子不教，唯恐弗堪，子有吉，我與在，某不敢辭。』」

吾子，指女父；貺，賞賜，謙虛語；某，婿父名；某，使者名。又某，女父自稱；「子有吉，我與在」，子，指婿父；意謂您既得吉卜，我的吉祥亦能在其中的了。

張爾岐曾指出納吉以至請期，皆有醴賓的禮。但今按本經云：「如納采禮。」而不說「如問名禮」，恐怕納吉以下，或無醴賓的儀節。

# 第五章　納　徵

## 納徵，玄纁束帛，儷皮，如納吉禮

鄭注：「徵，成也，使使者納幣以成昏禮，用玄纁者，象陰陽備也。」

禮記雜記：「納幣壹束，束五兩，兩五尋。」注：「納幣，謂昏禮納徵也。」又：「八尺曰尋。」

小爾雅廣度十一：「四尺謂之仞，倍仞謂之尋……倍端謂之兩，倍兩謂之疋，疋有謂之束。」註云：「禮，玄纁五兩，以兩爲束，每束兩兩，卷之二丈，雙合則成疋。」

案尋，鄉射禮疏：「謂八尺曰尋者（指鄭）亦無正文。」禮記雜記注又云：「十個爲束，貴成數兩，兩者合基卷是謂五兩；八尺曰尋，則每卷二丈也，合之則四十尺，今謂之匹。」士冠及士昏注皆云：「束帛，十端也。」周禮媒氏註：「五兩，十端也。」杜預左昭廿六年注：「二丈爲一端，二端爲一兩，二兩，二匹也。」賈逵冬官疏又云：「此經皆以四尺爲差，『人長八尺』（經文），而服虔，杜預云，殳長尋有四尺，崇於人四尺，則八尺之分，唯有四尺在，是尋長八尺可知。」

淮南天文訓，說文都以四丈爲匹。那麼一兩等如一匹，一束五兩，它的長度便是二百尺。它的寬度據說文云：「幅，布帛廣也。」漢書食貨志：「周法，廣二尺二寸爲幅。」鄉射注的說法相同；淮南天文訓却說是「二尺七寸。」而鄉射疏引鄭志則作「二尺四寸。」這些討論請參服飾部份。所謂玄纁，就是黑絳二色的布，白虎通嫁娶篇說：「玄三，以法天；纁二，以法地。」至於聘所用的帛（見說苑修文篇。）及制幣（周內宰注引天子巡狩禮）和本經的束帛則有所不同，古尺現在用嘉量爲準，它和公尺的比例是0·二三一。

儷皮，注云：「鹿皮也。」說文：「麗，旅行也。鹿之性，見食急，則必旅行，从鹿、麗聲。」禮，麗皮納聘，蓋鹿皮也。」儷皮就是一對鹿皮。我們用現代的眼光來解釋，納徵，就是差不多近于「訂婚」的禮節，因此所用的禮物與前三者都不一樣。

本儀節和納吉等禮是有所不同的，據本經記云：

「納徵、執皮、攝之、內文、並執足，左首隨入，西上，參分庭一，在南。賓致命，釋外足，見文，主人受幣。士受皮者，自東出于後，自左受，遂坐攝皮，逆退，適東壁。」

又賓主在堂上的對話也和以前的禮節不同。記文中記載說：

「（賓）曰：『某也請納徵。』（主人）對曰：『吾子順先典，貺某重禮，某不敢辭，敢不承命。』」（記）

# 第六章　請　期

## 請期，用鴈，主人辭，賓許，告期

案請期所行儀節也應該和納采禮一樣，主人和使者的對話也在堂上，對話的內容，見於記文：

「請期曰：『吾子有賜命，某既申受命矣，惟是三族之不虞，使某也請吉日。』」（記）吾子有賜命，吾子，指女父；賜命，即上納徵「某不敢辭」之命；申受命，申，至也；正義曰：「自納采以來，每度受命也。」三族之不虞，三族者，注云：「謂父昆弟，己昆弟，子昆弟。」不虞，王引之經義述聞曰：「不，無也，虞，憂也。無憂，謂無死喪也，三族無死喪，故可行嘉禮，惟用此三族無虞之時，請吉日也。」某，指使者。「對曰：『某既前受命矣，唯命是聽。』」（記）某，女父名，前受命，納采等命；唯男方之命是聽，即迎娶的吉日由男方來決定。

「曰：『某命某聽命於吾子。』」（記）某，男父名。又某，使者名；吾子，女子也。

「對曰：『某固唯命是聽。』」（記）某，女父名，命，男方之命。

「使者曰：『某使某受命，吾子不許，某敢不告期。』」（記）某，男父名；又某，使者名；吾子，指女父；期，吉日，親迎之期。

「（使者）曰：『某日。』對曰：『某敢不敬須。』」（記）某，女父名；須，注：「待也。」

當形式上的客套話說過以後，請期的禮節便算完成了。男女雙方便開始籌備娶嫁的事情。

使者回去後，按記文的記載亦有反命之禮。

記：「反命曰：『某既得將事矣，敢以禮告。』主人曰：『聞命矣。』」某，使者名；告，告於男父；主人，男父；聞命者，聞使者轉述女父之命。

# 第七章　將親迎，預陳饌

期，初昏，陳三鼎于寢門外，東方，北面，北上，其實特豚，合升，去蹄，舉肺脊二，祭肺二，魚十有四，腊一肫，髀不升，皆飪，設扃鼏

案期，注云：「取妻之日。」豚，說文：「小豕也。」特豚，士冠禮注：「一豚也。」合升，本經婦饋舅姑章：「特豚、合升、側載。」士冠禮：「若殺，則特豚、載、合升。」注：「凡牲皆用左胖（凌廷堪釋例以爲「左」是「右」字之誤。）煑於鑊曰亨，在鼎曰升，在俎曰載，載合升者，明亨與載合左右胖。」張爾岐云：「案特牲，少牢及鄉飲酒皆用右胖。」舉肺脊二，注：「食時所先舉也。」這是和祭肺有分別的，爲食時所專用，肺和脊各二，連同兩塊祭肺都一起盛在小豬的鼎裏。

禮經釋例：「凡肺皆有二，一舉肺，一祭肺，廷堪按，士冠禮離肺注：『離，割也。割肺者，使可祭也，可嚌也。』此卽舉肺也，離者，午割之，使可祭也，留中央少許相連，祭時以右手絕而祭之，其餘在左手者則嚌之也，鄉飲酒，鄉射，大射，燕禮，皆先祭後嚌，是皆離肺也。公食大夫禮：『三牲之肺不離。』注：『不離者，刌之也。不言刌，刌則祭肺也，此舉肺不離而刌之者，便賓祭也，祭離肺者，絕肺祭也。』卽此祭肺也。」

魚，記云：「魚用鮒，必殽全。」盛魚的鼎內盛有鮒魚十四尾。

腊，鄭注：「兎腊也。」釋名釋飲食：「乾昔也。」既夕注：「士腊用兎。」肫，注：「或作純，全也。」腊鼎上則載有整只的乾兎子，只是要先把髀的部份切除。以上豕、魚、腊三者部是經過烹熟的。

鼎，是盛肉用的；扃，是扛鼎用的；鼏，是蓋鼎用的。它們的形制，請參看器物部份。

按匕，俎這時亦應設于鼎旁。士喪禮小斂：「陳一鼎于寢門外，當東塾、西面、素俎、在鼎西、西順、覆匕、東柄。」本節中鼎所設的部位和小斂節相同，故匕俎亦應據小斂的陳述來擺設。

## 設洗於阼階東南

鄭注：「洗，所以承盥洗之器棄水者。」

士冠禮冠日陳設：「夙興，設洗，直東榮，南北以堂深。」

案洗的形制可參器物部份。洗位置的安放，和士冠禮的記載相同；設在這裏的洗，也可以叫做南洗。如婦饋舅姑章：「舅洗于南洗。」注：「南洗在庭。」此外，尚有北洗，是設在北堂的，如婦饋舅姑章：「姑洗于北洗。」記云：「婦洗在北堂，直室東隅，篚在東。」北洗通常都是女子所專用，因爲古者婦人禮不下堂，所以他們是不降堂到南洗去盥洗的。

## 饌于房中，醯醬二豆，菹醢四豆，兼巾之，黍稷四敦，皆蓋

案豆的形制請參看器物部份。醯，注云：「醯醬者，以醯和醬，生人尚褻味。」醯，是醋的一類。

菹，據周禮醢人注說：「凡醯醬所和，細切爲齏，全物若牒爲菹。」

敦，請參看器物部份。凡盛黍稷，皆以敦或簋。禮記曲禮：「飯黍毋以箸。」那麼吃食其他食物，是否就用箸呢？但我們在儀禮裏還沒有看到這種跡象。

特牲：「主婦視饎爨于西堂下。」記：「饎爨在西壁。」注：「舊說云：『南北直屋梠，稷在南。』」又少牢：「廩人摡甑甗匕與敦于廩，廩爨在雍爨之北。」那麼用甗來煑黍稷是可以肯定的，爨的設置是在西堂之下。

兼巾之，就是把醯醬、菹、醢等六豆，用一幅巾蓋起來，防止灰塵的沾染，盛黍稷的四個敦，也都加上了蓋子，用來保持黍稷的溫熱。它們陳設的方位和次序，據士冠的記載應是在房中西墉下，「脯醢南上。」

## 大羹湆在爨

鄭注：「大羹湆，煑肉汁也，大古之羹無鹽菜。爨，火上。周官曰，羹齊視夏時。今文湆皆作汁。」

賈疏：「（鄭）引周官證大羹須熱，故在爨，臨時乃取也。」

案大羹湆爨的位置經文沒有明言。

鄉飲酒禮則有：「羹定。」之說。爨的位置是在那裏呢？記云：「其牲狗也，亨於堂東北。」鄉射禮的記載也相同。士虞禮：「特豕饋食，側烹於廟門前之右，北面，魚腊爨並之，北上，饎爨在東壁西面。」特牲：「牲爨在廟門外東南。」根據以上的記載，我們知道爨所處的位置，是以鼎的陳設爲準。士昏禮的鼎既然在寢門外，則爨似亦應在門前，大羹湆便應烹於該處。

又案公食大夫禮：「大羹湆，不和，實于鐙。」注：「瓦豆謂之鐙。」由此可知大羹湆食用的時候是用鐙來盛載的。

## 尊於室中北墉下，有禁，玄酒在西，綌冪，加勺皆南枋

案墉，釋例云：「室內牆曰墉。」把載醴酒的尊，擺在室中靠北牆的位置，用禁來承墊着。禁、勺、綌冪的形制皆可參器物部份。

玄酒，據士冠禮注：「新水也。」它主要的用途是用來兌酒的。玄酒也用尊裝着，擺在酒尊的西面，也應該是放在禁上；兩個甒尊都用粗葛布製成的巾覆上，把舀酒用的勺子放在綌冪的上面，勺子的柄，朝向南方。

按下經注云：「夫婦酌于內尊。」內尊即指這裏室內所設的甒尊。另有贊者自酢所用的尊是設在房戶之東的。

**尊于房戶之東，無玄酒，篚在南，實四爵合巹**

案房戶，即東房的門，可參宮室部份，篚、爵、巹的形制均見器物部份。下經注云：「贊洗爵，酌于戶外尊。」戶外尊，即指此尊而言。行禮時所用的爵和巹，都是取自這裏。

# 第八章 親迎

按記文的記載，男家在親迎之前，父親有醮子的禮儀，爲兒子祝福，並且加以訓示。

記云：「父醮子，命之，辭曰：『往迎爾相，承我宗事，勗帥以敬，先妣之嗣，若則有常。』子曰：『諾，唯恐弗堪，不敢忘命。』」相，注云：「助也。」婦所以相夫故稱曰相；宗事，注云：「宗廟之事。」古人以祀爲重，故希望新婦能繼承祖祀。勗，注云：「勉也。」帥，注：「導也。」若，係指代詞；常，指常法。

同樣的，女家方面，父親也有醴女的禮。

記云：「父醴女而俟迎者，母南面于房外。」

鄭注：「女既次純衣，父醴之于房中南面，蓋母薦焉，重昏禮也，女奠爵于薦東，立于位而俟壻。」

從士冠禮賓醴冠者及本篇記：「老醴婦於房中，南面。」看來，則鄭氏說父醴女于房中南面，是可以相信的。

主人爵弁、纁裳、緇袘，從者畢玄端，乘墨車，從車二乘，執燭前馬，婦車亦如之，有裧，至于門外

按「婦車亦如之」，是說迎接新娘的車子也是三部，亦有從車二乘（爲陪嫁的女子而準備），

和「執燭前馬」的。

曲禮云：「婦人不立乘。」

由此我們可以推知，古代男子乘車時是不坐的，所以在士昏禮中，無論新郎和他的隨從們（女從者除外），都是站在車上。

至於他們的車馬到達女家的大門後，有沒有再驅車往裏面去呢？曲禮云：「客車不入大門。」如今男方是客人，他的車子照道理是不能進入大門的了。至於婦車，經文中也只是說「至于門外」，那麼婦車也是沒有進入大門的。

鄭注：「士妻之車，夫家共之，大夫以上嫁女，則自以車送之。」

本篇的婦車，便是由夫家一同帶來，可證鄭說不虛。

服制和車制，請參考服飾和車馬部份。

## 主人筵于戶西，西上，右几

按主人，指女父而言。由下經文：「至于廟門。」那麼「戶西」，即廟內室戶之西可知。

白虎通云：「遣女於禰廟者，重先祖之遺支體也。」

賈公彥曰：「以先祖之遺體許人，故女父先於廟設神席，乃迎壻也。」

記云：「賓至，擯者請，對曰：『吾子命某，以茲初昏，使某將，請承命。』（擯者）對曰：『某固敬具以須。』」賓，即新郎；吾子，指女父；命某，某，注云：「某，壻父名。」使某，某，指新郎。將，注云：「行也。」即行親迎之禮。

女次，純衣纁袡，立于房中，南面

鄭注：「次，首飾也，今時髲也。周禮追師，掌爲副編次。純衣，絲衣，女從者畢袗玄，則此衣亦玄矣。袡，亦緣也，袡之言，任也，以纁緣其衣，象陰氣上任也，凡婦人不常施袡之衣，盛昏禮，爲此服。喪大記曰，復衣不以袡，明非常。」

案次及純衣纁袡，可參服飾部份。

姆纚笄宵衣，在其右

鄭注：「姆，婦人年五十無子，出而不復嫁，能以婦道敎人者，若今時乳母，纚，縚髮；笄，今時簪也，纚亦廣充幅長六尺，宵，讀爲詩素衣朱綃之綃，魯詩以綃爲綺屬也，姆亦玄衣，以綃爲領，因以爲名，且相別耳，姆在女右，當詔以婦禮。」

案纚笄宵衣，詳服飾部份。

女從者畢袗玄，纚笄，被顈黼，在其後

鄭注：「女從者，謂姪娣也，詩：諸娣從之，祁祁如雲。袗，同也，同玄者，上下皆玄也。顈，襌也；詩云，素衣朱襮。爾雅云，黼領謂之襮。周禮曰，白與黑謂之黼，天子諸侯后夫人狄衣，卿大夫之妻刺黼以為領，如今偃領矣，士妻始嫁，施襌黼於領上，假盛飾耳，言被，明非常服。」

案女從者之服，詳服飾部份。

主人玄端，迎於門外，西面，再拜，賓東面答拜

案門外，即大門外，這些禮節在前面都已經述說過的了。

主人揖入，賓執鴈從，至於廟門，揖入，三揖，至於階，三讓，主人升，西面，賓升，北面，奠鴈，再拜稽首

按賓（新郎）奠鴈時的位置，應該是在西階上的賓位。奠鴈時，朝北而跪，然後行兩次拜和稽首的大禮。「拜稽首」的禮節請參看本文附錄。

記云：「母，南面于房外，女出于母左，父西面戒之（戒辭見後），必有正焉，若衣，若笄。」當新郎行過奠鴈之禮後，新娘和她的保姆，陪嫁的女孩子等，便從房中出來，走到阼階上，朝東站在父親的前面，接受訓誡。記云「必有正焉，若衣，若笄。」盛氏世佐解釋說：「以物為憑曰正，母施衿結帨，庶母施鞶，皆謂以物與之，則此衣，若笄，亦父戒時予女，使服之，識而弗忘也。」至於父親戒女之辭

記云：「父送女，命之曰：『戒之，敬之，夙夜毋違命。』」夙夜一辭，在克鼎、大師小子師

望鼎；詩臣工、雨無正、蒸民、韓奕諸篇章中都可以看到，夙夜猶言早晚，有從早到晚都不怠懈的意思，勉勵女兒出嫁後要謹愼勤勉。父親的訓示完了，新娘又到西階上接受母親的敎導。記云：「母施衿，結帨，戒之西階上，曰：『勉之，敬之，夙夜毋違宮事。』不降。」衿、帨，請參看服飾部份；宮事，指家中大小事情。

## 降、出、婦從，降自西階，主人不降送

按降，是由新郎帶領着新娘等從西階而降，這時，新娘的父母親皆不下堂相送，只有庶母一直送新娘到廟門內。

記云：「庶母及門內，施鞶，申之以父母之命，命之曰：『敬恭聽，宗爾父母之言，夙夜無愆，視諸衿鞶。』」鞶，見服飾部份。愆，注云：「過也。」意謂不要有過錯；衿、鞶，是母親和庶母所給予的，每當看到該物，便應該想起父母訓戒的話語。

孟子滕文公下：「女子之嫁也，母命之。往送之門，戒之曰：『往之女家，必敬必戒，無違夫子，以順爲正』者，妾婦之道也。」

穀梁桓公三年傳：「禮，送女，父不下堂（與本經同），母不出祭門（按卽廟門，與本經異），諸母兄弟不出闕門（意義和本經同）。父戒之曰：『謹愼從爾舅之言。』母戒之曰：『謹愼從爾姑之言。』諸母般申之曰：『謹愼從爾父母之言。』」

## 壻御婦車，授綏，姆辭不受

禮記昏義：「壻授綏，御輪三周，先，俟于門外。」按婦車及綏的形制，請參看車馬部份。根據古代女子尚右的說法，當新娘乘車的時候，便應該坐在車右的位置。姆的說話見於記文：「未教，不足與爲禮也。」未教，指新婦而言。

## 婦乘以几

記云：「從者二人，坐持几相對。」
按新娘在褓姆的扶持下，拉着上車的帶子，利用几的憑藉，便登上了車子。几的形制，見器物部份。

## 姆加景，乃驅（輪三周），御者代，壻乘其車，先，俟于門外

按景，注云：「景之制，蓋小明衣，加之以爲行道禦塵，令衣鮮明也。」景旣可爲禦塵之衣，似乎亦可以作爲其他禦塵的用途。如禮記內則：「女子出門，必擁蔽其面。」那麼蔽面之物，或者亦可名之曰景，這固然是肊揣之詞，姑暫存之。門外，注云：「壻家大門前。」

# 第九章　婦至成禮

婦至，主人揖婦以入，及寢門，揖入，升自西階

案至，抵達男家；主人，即新郎；升自西階，注云：「道婦入也。」夫婦皆由西階升，是因爲不敢以主人自居。由本文「主人揖婦以入，及寢門」，可見新娘下車必在大門外。

媵布席于奧，夫入于室，即席，婦尊西，南面

案媵，注云：「送也。」即指陪嫁的女孩子。奧，室中西南隅，可參考宮室部份。新郎入室以後，便站立在席上，向着東面，新娘入室則朝南站在北墉下尊的西面。席的舖設是取自東房，由士冠陳設：「陳服于房中西墉下……蒲筵二在南。」及公食記：「……（筵席）皆卷自末，宰夫筵，出自東房。」皆可予以佐證。下經云：「燭出。」那麼這時候執燭的人亦應入室了。檀弓云：「童子隅坐而執燭。」據此，執燭的位置是在室中的一隅的。

媵御沃盥交

按，注云：「媵，送也，謂女從者也，御，當爲訝，訝，迎也。謂壻從者也。」由下經「主人

說服于房，媵受。婦說服于室，御受。」可知媵和御都是女性。但注又云：「媵」。至於沃盥的部位，依照鄭注說是「媵沃壻盥於南洗，御沃婦盥于北洗。」他的說法顯然有誤。下經云：「雖無娣，媵先。」則媵當為女性，而記文中亦有說：「凡婦人相饗無降。」故舅姑饗婦的時候，舅洗于南洗，姑洗于北洗。因此媵沃盥亦應在北洗才合乎禮，所以凌廷堪釋例便曾懷疑室中是有兩洗的。

盥洗時，所用的器物和方法是怎樣的呢？我們從儀禮本身的記載裏面，大概也不難找出個中端緒，現在簡單的把它說明如下。

少牢：「司宮設罍水于洗東，有枓，設篚于洗西，南肆。」

大射：「設洗，罍水在東。」

少牢注云：「枓，斞水器也，凡設水用罍，沃盥用枓，禮在此也。」疏云：「總儀禮一部內，用水者皆須罍盛之，沃盥水者，皆用枓為之。」

禮經釋例：「其實有洗即有罍，有罍即有枓也。」

這些記載中說明了水是用罍來盛裝的，沃盥時則用枓子來澆水。

少牢：「宗人奉槃，東面于庭南，一宗人奉匜水，西面于槃東，一宗人奉簞巾，南面于槃北，乃沃尸，盥于槃上，卒盥，坐奠簞，取巾，興，振之三，以授尸，坐取簞，興，以受尸巾。」

公食大夫：「設洗如饗，小臣具槃匜。」注：「為公盥也，公尊，不就洗。」

特牲祭日陳設：「尸盥匜水，實于槃中，簞巾，在門內之右。」注：「設盥水及巾，尸尊不就洗。」句讀：「以匜貯水而置之槃，待尸盥，則執匜沃水，而槃承之。簞巾，簞中貯巾也。」

特牲記：「沃尸盥者一人，奉槃者東面，執匜者西面，淳沃，執巾者在匜北，宗人東面取巾，振之三，南面授尸，卒，執巾者受。」

從以上幾點來看，公和尸沃盥的時候，都準備有槃和匜，料的用法，只不過是用來舀水到匜內。公因爲身份尊貴，故不親身前往洗的旁邊盥洗，所以便使人奉着槃匜給他盥洗，在常禮中士人的階級，應該是沒有盤匜設置的，需要到洗的旁邊盥洗，那麼他們盥洗的時候，大概只是伸手到洗上，然後用枓澆水盥洗，而以洗來接盛餘水，因此，現在我們根據這一點來說，士昏禮中有關盥洗的禮節，都是直接到洗的位置，用枓子舀罍裏面的水出來盥洗。

至於盥手或者把爵、觶洗過以後，雙手都沾滿了水，爵和觶也會有一些洗後餘下的水，那是否應該用巾來把它抹拭呢？這一點我們在上面所引少牢，特牲，公食的文中，已知道得很清楚了，不過那些都是爲身份較高的人或禮盛的緣故才準備有簞巾。以外專爲士人的身份而設置有簞巾的有——

士虞禮記：「尸盥，執槃西面，執匜東面，執巾在其北，東面，宗人授巾，南面。」（所提到的槃、匜、巾，也就是經文中，陳虞祭牲羞、酒醴、器具所說的：「匜水錯于槃中，南流，在西階之南，簞巾在某東。」）

士喪禮饌小斂奠及設東方之盥：「設盆盥于饌東，有巾。」注：「爲奠設盥也。」句讀：「爲設奠人設。」

又陳牀第夷衾及西方之盥：「西方盥，如東方。」注：「爲舉者設盥也。」句讀：「舉者，爲將舉尸者。」

但這幾段的記載，也都是談及喪事的，他們設有槃、匜、巾，大概是和常禮不一樣吧！客觀一點的來說，只要在某些禮中，他們不到「洗」前盥洗的，那便準備盤和匜，不然，在「洗」前盥洗應該便不會有槃和匜的了。

特牲祭日陳設：「尸盥，匜水實于槃中，簞巾在門內之右。」注：「設盥水及巾，尸尊不就洗，又不揮。」（這裏所說的「不揮」，應該和「揮」便有不同了。）賈疏云：「云不揮者，揮振去水，使手乾，今有巾，故不揮也。是以（僖公）二十三年左傳云：『公子重耳在秦，秦伯納女五人，懷嬴與焉，奉匜沃盥，旣而揮之，（案此揮，非揮手使乾，乃以水揮之爲戲，揮水卽今言潑水，疏引非。）懷嬴怒。』是也。」

這樣看來，預備有巾的時候，手便「不揮」，因爲有巾可以抹拭的緣故，沒有巾的設備，那只有揮振手上未乾的水，促使手乾了。

那麼洗爵和洗觶，也應該和盥手沒有兩樣的了。有巾的設備，便把它抹拭；沒有的話，便只好把它揮乾；所以禮記曲禮云：「飲玉爵者弗揮。」這樣看來，用飲器的時候，也有「揮」與「不揮」的分別了。

現在士昏禮裏面旣不言巾的記載，那麼，盥洗之後，便只有把水「揮」乾而已。

在「媵御沃盥交」一節裏，由於在室中行禮的緣故，便由媵和御分別從北洗把水端進室裏，然後交換着替他們的主人服務。

## 贊者徹尊冪

記：「酌玄酒，三屬于尊，棄餘水于堂下階間，加勺。」

按贊者，即相禮的人；尊冪，形制詳見器物部份。上經預陳饌一節說：「尊于室中北墉下，有禁，玄酒在西、綌冪、加勺、皆南枋。」而「尊于房戶之東，無玄酒。」則不說有尊冪。因此可知這裏「徹尊冪」，是徹室中的尊冪。尊，指玄酒和酒二尊。餘水，是指玄酒。據預陳饌的說法，勺子擱在尊冪上，勺柄是朝向南方的。

士冠禮：「贊者立於房中，南面西上。」相禮的人無事時便立於該處。

## 舉者盥，出，除鼏，舉鼎入，陳于阼階南，西面，北上

按本經說舉者出，則他們原來是在門內的了，但是經文却沒有提及他們的位置。下經云：「匕者逆退，復位于門東，北面西上。」這裏的匕者之位，亦當即舉者的位置，現在我們據此以定。

士虞禮：「佐食及執事盥，出舉，長在左……匕俎从設，左人抽扃鼏、匕，佐食及右人載。卒，匕者逆退，復位。」

公食載鼎實于俎節：「陳鼎于碑南，南面，西上……旅人南面加匕于鼎……南面匕，載者西

面。」特牲陰厭節：「鼎西面錯（阼階下）……贊者錯俎加匕（按注云：「其錯俎，東縮，加匕，東柄。」鄭氏之意是加匕於鼎，非加於俎上。）」

少牢將祭卽位、設几、加勺、載俎節：「雍正執一匕以從，雍府執四匕以從，司士合執二俎以从，司士贊者二人皆合執二俎以相，從入。陳鼎于東方，當序，南于洗西，皆西面，北上……匕皆加于鼎，東枋。」

據上引各篇，可知執匕，執俎者，各有專司其職者，故鄭注云：「執俎者，執匕者，从鼎而入，設之。」（士喪小歛時，舉者則兼執匕俎）俎有三個，所以執匕俎者各三人，隨舉鼎者入寢門。本篇鼎的陳設面位，和少牢相同，因此設俎亦應和少牢相同。少牢（同上節）云：「俎皆設于鼎西，西肆。」西肆，就是把俎直着朝西來放，執匕的人則把匕加于鼎上，匕柄朝東，北面載的時候，執俎的人北面，執匕的人西面。下經云：「執匕者逆退，復位于門東、北面西上。」卽回到原位站立，執俎的人把俎交給贊者以後也是回到該處。匕和俎的形制，請參看器物部份。

至於豚魚腊的載法，也需要在這裏一起加以說明，現在分述如下：

先談豚俎的載法。豚，應該是很小的乳豚，所以能夠合升——全體，擺在鼎的上面，只是把蹄切掉，然後再把牠的身體切成兩半，一起擺在俎上。（案婦饋舅姑：「舅姑入于室，婦盥饋，特豚，合升，側載，無魚腊，無稷……。」注：「側載者，右胖載之舅俎，左胖載之姑俎，異尊卑。」由是知之，同牢禮中，豚俎所以左右胖以載，蓋表明夫婦是有分別的。又預陳饌：「其實特豚，合升。」注：「合升，合左右胖，升於鼎也。」升鼎之際已左右胖，故其載俎亦左右胖。）我們看到甲骨文的俎字寫作「」爲俎，象肉形，很顯然的，豕兩半是應該分左右擺在俎上的了。有關於豕體安放的方向，我們根據少牢：「下利升豕，其載如羊，無腸胃，體其載于俎，皆進下。」注：「進下者，以骨之末向神也。」

既然是把骨的末端向神，那麼，向人便不應該以骨的末端了，因此，豚的左右兩體是橫擺在俎上的，一半是屬於女壻，另一半是屬於新婦。

有司徹記載祭肺，𦟪肺等，皆與肉共載于一俎。所以根據這點，我們很有理由把「舉肺脊二，祭肺二。」一起的載于豚俎的上面。

魚俎的載法——

少牢：「魚用鮒，十有五而俎，縮載，右首，進腴。」注云：「右首，進腴，亦變于食生也，有司載魚橫之。少儀曰：『羞濡魚者進尾。』」

士喪大斂奠：「魚左首，進鬐。」注：「亦未異於生也。」疏云：「案公食『右首進鬐。』此云：『左首』，則與生異。而云『亦未異於生』者，彼公食言右首，據席而言，此左首，據載者而言，若設於席，則亦右首矣。」

又士喪大斂奠：「設豆，右菹。」注：「此左右異於魚者，載者統於執，設者統於席。」

士虞記：「魚進鬐。」

公食大夫：「魚七，縮俎，寢右。」注：「右，首也，寢右，進鬐也。乾魚近腴，多骨鯁。」

句讀：「魚在俎爲縱，於人爲橫。」

少儀：「羞濡魚者進尾，冬右腴，夏右鰭，祭膴。」

有司徹賓尸：「尸俎五魚橫載之。侑主人皆一魚，亦橫載之。」

按縮者，據有司徹執几之法，▯爲縮，▭爲橫。從以上的記載，我們可以知道魚在俎上的陳列法，有因爲禮的不同而改變，亦有因時令不同或燕時而改變的。如士喪注云：「載者統於執，設者統于席。」而少牢、公食、士喪所謂的「進」，皆以執者載時而言，不是指設時而說的，所以鄭氏解釋士喪，公食兩者的分別，恐怕難以置信，而賈疏則強爲他辯說而已。注言「未異於生。」則或者漢時有進鬐的習慣，但是進腴是吉禮，進鬐是凶事，經文記載非常明白。「未異於生」似乎已經屬於強詞，只可惜公食是生事，經文中却沒有言及「進」的方法。今按公食的「縮俎」，亦卽少牢的「縮載」，所以亦應該是「進腴」的。不過公食注以爲「乾魚」便不知道是根據甚麼了。

士昏禮中魚的載法應該怎樣呢？士喪、士虞都是喪禮，而且明言「進鬐，左首」（士喪）。而少牢和公食兩篇，一爲吉禮，一爲食生之禮，和士昏禮最爲接近。故應以之爲準，那便是「縮載」。「寢右」（卽右首，鄭注以公食右首爲進鬐，實在是不對的，寢右應是進腴，若進鬐則屬凶事，和士昏禮的性質不合。公食言「縮俎」，少牢言「縮載」，它們的意義是一樣的，「縮」則可以進鬐，進腴，如果「橫載」〔有司徹〕便變成是進首進尾的了。）進腴，卽魚與俎爲直設，魚首向右（以人的左右爲左右），魚肚子向人。

腊俎是載有一個整體而且煮好的乾免肉，脾的部份是不要的。根據少牢：「腊一肫而俎，亦進下，肩在上。」便可以知道腊也是横置在俎上，肩的部份朝上，腹部則朝下安放于俎上。豚、魚、腊三俎，都是在阼階的南面分別擺載，而他們升俎的時候，是打從西階上堂的，鄉射記和鄉飲記所謂「自西階升。」（兩記皆云「亨狗于堂東北。」故言「俎由東壁。」此則在「阼階南。」不必經由東壁。）便是最好的明證。

**執而俟，匕者逆退，復位于門東，北面，西上**

鄭注：「執俎而立，俟豆先設。」

按敖繼公云：「匕者，右人以匕出鼎實者。」那麼執者，便是左人了。特牲：「乃朼。」注：「右人也。」所以「匕出鼎實者」即右人是對的。右人有三個，當匕載既畢便要「逆退」，退時在南鼎的匕者先退，在北鼎的殿後所以稱為「逆退」。而執俎者不退，等候贊者把醬、菹、醓諸豆設置妥當以後，便執俎從西階升堂，把俎交給贊者擺設。

**贊者設醬于席前，菹醓在其北，俎入，設于豆東，魚次，腊特于俎北，贊設黍于醬東，稷在其東，設湆于醬南，設對醬于東，菹醓在其南，北上，設黍于腊北，其西稷，湆于醬北。御布對席，贊啓會，郤于敦南，對敦于北**

記：「婦席，薦饌于房。」

案對席，即新娘的坐席，此對主人而言，此席亦當取自東房（準士冠陳設。）

禮記少儀：「取俎，進俎，不坐。」

俎是要放在地上的，站着當然不便放置，那麼，既然「不坐」，恐怕是跪着來擺設的了。公食云：「俎……自西階升。」這裏也應當如此。

敦、會，請參器物部份。

同牢對席的擺法，自來治禮的學者都各有不同的解釋，並且都有繪圖加以說明，但却是參差非常，不能令人滿意，現在且將儀禮義疏和俞樾的禮節圖加以列評，並且大膽的把筆者個人的看法，重畫一幅更正圖附列在後——

儀禮義疏禮節圖：

附圖（二十）

圖中的腊俎並沒有縱設，是它的毛病。

### 俞樾對席圖

附圖（二十二）

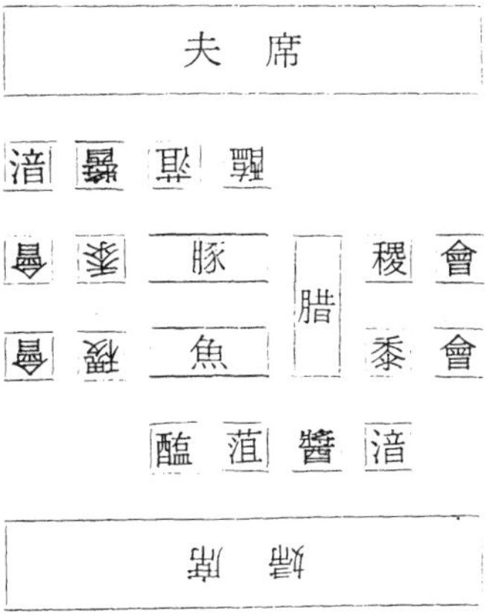


婦席的黍稷不擺在醬前，似乎失去了對席的意義，又右邊的敦蓋顯得很突出，甚不調和。

### 更正圖

附圖（二十三）

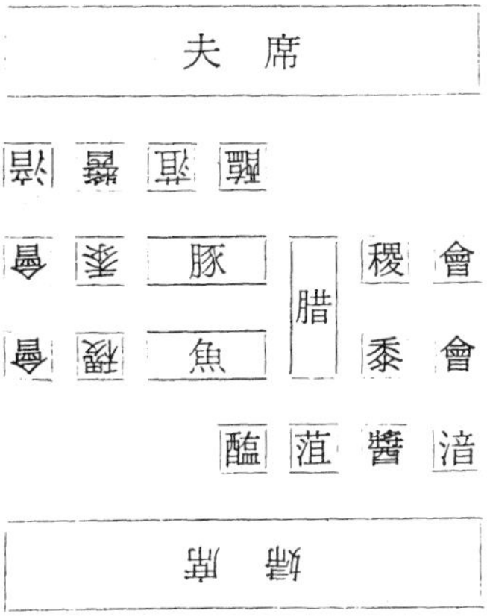

本圖能夠顧及對席和同牢的意義，把腊俎縱設，而且對俎兩邊，各空一缺，恰巧成了一個非常妥貼的對席同牢擺設，當然，這也未必如筆者所說的那麼確實，但是根據文義來看，那是比較合理的。

**贊告具，揖婦卽對筵，皆坐，皆祭，祭薦黍，稷，肺**

鄭注：「贊者西面告具也，壻揖婦，使卽席。薦，菹醢。」句讀：「其祭之序，由近及遠，肺，指祭肺，非舉肺也。」

按凡祭薦必用右手，如士冠賓醴冠者章：「右祭脯醢。」又特牲等篇祭菹醢亦皆用右手。凡祭薦必於豆間，如公食賓祭正饌章：「賓升席，坐取韭菹，以辯擩于醢，上豆之間祭。」又特牲尸入九飯章：「尸左執觶，右取菹擩于醢，祭于豆間。」又公食賓祭加饌章：「賓坐席末，取粱，卽稻，祭于醬湆間。」等皆是。然祭黍稷肺等也有祭于豆上的，如少牢尸十一飯章：「尸取韭菹辯擩于三豆，祭于豆間，上佐食取黍稷于四敦，下佐食取牢一切肺于俎，以授上佐食，上佐食兼與黍以授尸，尸受，同祭于豆祭。」注云：「同，合也，合祭於菹豆之祭也。」同祭，就是把黍稷肺三者一起祭于菹豆之上。

釋例云：「凡祭薦不挩手，祭俎則挩手。」但是亦有不挩手的，如釋例所引「大射儀司馬獻服不，司射獻釋獲者……鄉射司馬獻獲者，司射獻釋獲者……士虞禮主人獻祝，祝奠爵祭肺。特牲主人獻祝，祝執角祭肺……有司徹主人獻尸，主人受尸酢，主婦獻侑，主人獻長賓祭組皆不挩手……」等皆是。祭肺的儀節，差不多在飲食禮中都要用上，我們看鄉射主人獻賓章：「賓坐，左執爵，右祭脯醢，奠爵于薦西，興，取肺，坐絕祭，尚左手，嚌之，興，加于俎，坐挩手。」注：「卻左手執本，右手絕末以祭也，肺離，上爲本，下爲末。」由此可以了解祭肺時是以右手取肺，交于左手，拿着肺根，以右手剝取肺尖來祭，然後便嚌肺，嚌畢，再放回俎上。祭肺，也就是士冠醮冠者章的「離肺。」注：「離，割也。」那是曾經割切而不斷其根，留中央少許相連，方便祭時剝取而專門準備的肺。

**贊爾黍，授肺脊，皆食，以湆醬，皆祭舉，食舉也**

鄭注：「爾，移也，移置席上，便其食也。皆食，食黍也；以，用也，用口啜湆，用指咂醬。」

句讀：「舉，即脊與肺也。」

少牢尸入九飯章：「上佐食，爾上敦黍于筵上，右之。」

曲禮上：「飯黍勿以箸。」

按由曲禮的說明，飯黍時是用手爲之的了。本經注云：「皆食，食黍也。」經文「皆食」之下接連着「以湆醬。」那就是說黍與湆醬是一起食用的，公食云：「賓三飯以醬湆。」所行的程序也是一樣。

特牲：「乃食，食舉。」少牢：「食舉，三飯……。」都是先祭舉，食舉，以左手執之，然後再三飯，飯畢，乃將舉反加於俎，所行的儀節程序，和士昏禮中的敍說，都是非常應合的。

特牲：「尸實舉于菹豆。」注：「爲將食庶羞。」又：「舉肺脊加于肵俎。」少牢：「食舉……佐食受（舉），加于肵。」這都是食畢，便直接放囘俎上，士虞禮却說：「尸卒食，佐食受肺脊，實于篚。」這和反于俎的程序不合，不過那大概是喪禮異制的關係吧！

## 三飯卒食

義疏：「食者，總食黍、稷、湆、醬等之名，飯則專指黍言之。少牢注云：『食，大名，小數曰飯。』疏云：『一口謂之一飯。』此解尤晰，昏三飯成禮。」

公食賓卒食章：「三飯，不以醬湆。」所述與本經稍異。在今天看來，三飯之禮眞是淡然無味。

**贊洗爵，酌酳主人，主人拜受，贊戶內北面答拜，酳婦亦如之，皆祭**

案爵，房戶之東之爵，卽上經親迎陳饌節：「尊于房戶之東……篚在南，實四爵合巹。」篚內之爵。

「贊洗爵。」敖繼公以爲洗于庭。敖氏的說法我們是同意的。酌，注云：「酌內尊。」張爾岐曰：「尊于室中北墉下者也。」酳，注云：「漱也。」按鄭氏得知必酌于內尊，那是因爲下經凡說酌外尊時，都提及「戶外尊」，這裏却沒有提到，所以鄭氏是由此而推知的。

主人答拜時朝東面，婦則南面拜。

**贊以肝從，皆振祭，嚌肝，皆實于菹豆**

少牢主人獻尸：「賓長羞牢肝，用俎，縮執俎，肝亦縮，進末，鹽在右，尸左執爵，右兼取肝，擩于俎鹽，振祭，嚌之，加于菹豆，卒爵。」

又主人獻祝：「祝祭俎，祭酒，啐酒，肝牢從，祝取肝擩于鹽，振祭，嚌之，不興，加于俎，卒爵，興。」

士虞禮：「賓長以肝从，實于俎，縮，右鹽，尸左執爵，右取肝，擩鹽，振祭，嚌之，加于俎。」

集說云：「以肝從，謂以肝俎从於酒而進之，二肝蓋共俎而進，本贊則縮執之，振祭者，執而動之以爲祭也，此亦以肝擩于鹽爲乃振祭。」

義疏曰：「此贊者又一人，非卽洗爵酌醑者，肝俎在內東塾，洗酌時，一贊者取以從，既則反振之。」

按執肝俎的贊者是另有一人專司其職的，義疏的說法很對。以特牲禮衆執事所處的位置爲準，這個贊者原應站在門內之西東面的位置，復位時也是回到該處。

士虞：「羞燔俎在內西塾上，南順。」士虞是凶禮，士昏是吉禮，因此本經肝俎應置於內東塾爲宜。陳俎的時候應是北面（準上經「北面載」。）執俎的時候是縮執之，肝則縮置于俎上，進末（見上引少牢禮。）

## 卒爵，皆拜，贊答拜，受爵

按卒爵，新郎和新娘一起把爵中的酒喝乾，便行拜禮，贊亦戶內北面答拜，然後到筵前把新郎和新娘的爵接走。

**再酳如初，無從**

案如初，也就是先後用另外兩隻爵，在室內的醴尊裏酌酒酳夫婦二人，不過這一次是沒有肝从的了，筵中所載的四隻爵，經過兩次的酳酒後，剛好便用遍。

**三酳用巹，亦如之**

案第三次酳酒時，則以巹爲之，巹，本在戶外東面筵內，見前「贊洗爵」引上經文。亦如之者，所行儀節的程序也和初次一樣。

**贊洗爵，酌于戶外尊，入戶，西北面奠爵拜，皆答拜。坐祭，卒爵拜，皆答拜，興**

鄭注：「贊酌者，自酢也。」

案皆答拜，卽新郎和新娘皆答贊者的拜禮。少牢：「主人西面三拜養者，養者奠舉于俎，皆答拜。皆反，取舉。」注云：「言反者，拜時或反其席，在東面席者，東面拜，在西面席者，皆南面拜。」準乎此，新郎新娘答拜時，新郎當東面拜，新娘則應南面拜。

**主人出，婦復位**

按由下經：「主人說服于房。」可知主人出，卽出室入房。而婦則回到室內北墉下尊西南面之位。

乃徹于房中，如設于室，尊否

案：當夫婦兩人離開席位以後，贊者便將俎豆之類一起搬到房裏面去，擺設的位置，有如同牢禮的方式，而酒尊則仍然留在室中，沒有移動。

主人說服于房，媵受。婦說服于室，御受，姆授巾

案巾，注云：「所以自清潔。」

從御者侍候新婦脫服看來，御是女侍更無疑問了。

御衽于奧，媵衽良席在東，皆有枕，北止

按衽，注云：「臥席也。」止卽趾，曲禮曰：「請衽何趾。」北止，是足趾的部位朝向北方。良，是良人的簡稱。孟子離婁下篇「良人出」之良人，蓋卽本篇所指。

主人入，親說婦之纓

鄭注：「婦人十五許嫁，笄而禮之，因著纓，明有繫也，蓋以五采爲之，其制未聞。」

案主人，卽新郎。纓，曲禮：「女子許嫁纓。」王筠說文句讀：「纓卽賏，說文：『頸飾也。』」其制可參服飾部份。

## 燭出

按檀弓：「童子隅坐而執燭。」因此執燭者的位置應該是在室隅。如今燭出，姆、媵、御等亦應退出室外了。

## 媵餕主人之餘，御餕婦餘，贊酌外尊，酳之

案主人和婦的餘食都是饌於房中的，亦卽上文：「乃徹于房中，如設于室，尊否。」的陳饌。餕，禮記曲禮上注云：「食人之餘曰餕。」外尊，卽房戶東面的尊。

## 媵侍于戶外，呼則聞

按這是當日陪嫁女子的任務之一。媵在戶外站立時，蓋當戶西，負牆南面。由特牲陰厭：「佐食啓會，卻于敦南，出立于戶西，南面。」及特牲記：「佐食，當事，則戶外南面。」我們是可以作如此推斷的。

# 第十章　婦見舅姑

夙興，婦沐浴，纚笄宵衣以俟見

案沐，說文云：「濯髮也。」浴，說文云：「洒身也。」禮記玉藻：「沐稷而靧粱。」

這個儀節的舉行是在昏禮的次日清晨，往公公婆婆的寢宮內行晉見的禮。

纚笄、宵衣，請參看服飾部份。

質明，贊見婦于舅姑，席于阼，舅卽席，席于房外，南面，姑卽席

鄭注：「質，平也。房外，房戶之西。」

按此當在舅姑之寢宮，禮記內則：「由命士以上，父子皆異宮，昧爽而朝，慈以旨甘，日出而退，各从其事。」異宮，卽今所謂「不同院」。故下云：「自門入。」

舅，爾雅釋親：「婦謂夫之父爲舅，夫之母爲姑。」

婦執笲棗栗，自門入

記：「笲，緇被，纁裏。」（詳器物部份。）

案此棗栗乃贄之一種。左莊公廿四年傳：「婦人之贄不過棗栗。」又公羊傳：「棗栗乎，腶脩

乎？」禮記曲禮下：「婦人之贄，椇榛脯脩棗栗。」門，卽舅姑寢宮之院門。

笲內盛有棗栗，新婦雙手捧着，進入舅姑的寢門。由曲禮：「奉者當心，提者當帶。」我們可以得知，新婦捧笲時也是在胸前當心的部位。

## 升自西階，進拜，奠于席

按拜，從下文「姑坐舉以興，拜，受人。」「婦……建柶興，拜。」看來，婦人只言拜者，都應該是「手拜」（卽拜手。）奉笲來行拜禮，亦如執爵拜（見禮經釋例。）席，指公公的席。

## 舅坐撫之，興，答拜，婦還，又拜

記：「加于橋。」（橋見器物部份。）又：「舅答拜，宰徹笲。」

案撫之，卽撫笲。答拜，公公答新婦的拜禮，記中亦有「舅答拜」之文。還，又拜，回先前進拜的地方復行拜禮，這就是卽鄭氏所說的夾拜。（鄭注：「婦人與丈夫爲禮則俠拜。」）

## 降階，受笲腶脩，升，進，北面拜，奠于席，姑坐舉以興，拜，授人

案腶脩，禮記內則鄭注：「捶脯，施薑桂也。」

新娘降階而受笲腶脩，這時必有人先捧笲在階下等候着的了。拜，卽姑行拜禮。授人，鄭注：「人，有司，姑執笲以起，答婦拜，授有司徹之，舅則宰徹之。」

# 第十一章　贊醴婦

**贊醴婦，席于戶牖間**

案牖，即窗。詳宮室部份。

鄭注：「醴當爲禮，贊禮婦者，以其婦道新成，親厚之。」

賈疏：「案司儀注，上於下曰禮，敵者曰儐。」

關於鄭、賈所言，愚說見後。戶牖間，即注云：「室戶西，牖東，南面位。」

**側尊甒醴于房中**

記：「婦席薦饌于房中。」

案側，士冠注：「猶特也。」除了一尊甒醴外，其餘菹醢之類，也和士冠醴冠者時一樣，是陳設在房內西墉下的。

**婦疑立于席西，贊者酌醴，加柶，面枋，出房，席前北面，婦東面拜受，贊西階上北面拜送，婦又拜**

案疑，注云：「正立自定之貌。」由下經婦「左執觶」，知贊者是酌醴於觶。又士冠贊醴冠者時：「贊者洗于房中，側酌醴。」那麼贊者是在房中北洗洗爵的，本經不言，只是省略罷了。至於鄭玄於醴使者章改醴作禮，本篇贊醴婦節，鄭亦改醴為禮，而疏則引秋官司儀注：「上於下曰禮，敵者曰儐。」按冠禮醴冠者，昏禮醴賓、醴女（記）、醴婦及本經字皆作「醴」，聘禮禮賓，字作「禮」，冠禮醴賓為一獻，其他篇皆無醴酌的事。冠禮賓客，地位甚尊，如何能用下禮待之。本篇贊醴婦，贊者亦不見得其地位高於新婦。因此鄭之改字如果照「上於下曰禮」的解釋，那恐怕是不對的。

## 薦脯醢

案這是贊者從房中把脯醢端出，陳列在席前。

婦升席，左執觶，右祭脯醢，以柶祭醴三。

案祭，當如本篇「醴賓」之祭。有關婦人在這項禮節裏升席，降席的方法，張惠言在儀禮圖中註說：「婦升席祭，降啐醴，升席奠觶，降席取脯，升降皆當由席西，席則當如冠禮東上。」本篇醴賓、醴婦筵亦東上。張說可從。

降席，東面坐啐醴，建柶興，拜，贊答拜，婦又拜，奠于薦東案奠于薦東，就是婦人再升席，面向南方，把觶安放在脯醢的左方，那正是脯醢的東面。表示此飲酒禮已告結束，這是禮的通例，說已見前。

## 北面坐取脯，降，出，授人於門外

案婦在筵前北面坐取脯，降自西階，出寢門，然後把脯交給隨從的人。「北面坐取脯。」與第三章醴使者的「賓……北面坐取脯」的意義是相同的，這是一般飲酒禮結束時的通例。

# 第十二章　婦饋舅姑

舅姑入于室，婦盥饋

鄭注：「饋者，婦道既成，成以孝養。」

案盥的時候應該是在北堂。饋者，新婦用酒食來饋享舅姑。

特豚，合升，側載。無魚腊，無稷，竝南上，其他如取女禮

鄭注：「側載者，右胖載之舅俎，左胖載之姑俎，異尊卑。竝南上者，舅姑共席于奧，其饌各以南爲上。其他，謂黍、醬、湆、菹、醢。」

案側載，士虞禮：「側亨于廟門前。」注：「亨一胖也。」其說是否正確，現在還不敢肯定，姑且暫時根據他的解釋吧！

除了豚是側載和沒有魚俎，腊俎，稷敦之外，其他與同牢禮是一樣的擺法，不過陳設的時候，不是對席，而是共席而設。

婦贊成祭，卒食，一酳無從

案無從，無肝也。所謂一酳，就是婦對舅姑各行一次酳酒的禮。」

記：「婦洗在北堂，直室東隅，篚在東，北面盥。」現在新婦饋舅姑，取爵及盥洗亦應在北堂。敖繼公說：「婦洗于北堂，酌于室中北墉下之尊，西面酳，戶西，北面拜（蓋據士虞、特牲、少牢。）舅姑答拜於其席。」

**席于北墉下，婦徹，設席前如初，西上**

按北墉下，卽室中北牆下。婦徹，徹舅姑席前餘物至北牆下的席前，陳設時以靠西頭者爲上位。

**婦餕，舅辭易醬**

鄭注：「婦餕者，卽席將餕也，辭易醬者，嫌淬汙。婦餕姑之饌，御贊祭豆、黍、肺、舉肺脊，乃食，卒，姑酳之，婦拜受，姑拜送。」

按此處所行儀節蓋如鄭說。

**坐祭，卒爵，姑受，奠之**

鄭注：「奠于篚。」

按姑把新婦的爵接過後，便奠放回北堂的篚裏。

**婦徹于房中，媵御餕，姑酳之，雖無娣，媵先，於是與始飯之錯**

按婦至成禮節，媵御餕的時候，席前的擺設和室中一樣，因此本節媵御餕于房，也應當如室內之設，婦餕姑餘的時候，是席於北墉下，這裏則亦應席于房中北墉下。始飯之錯的程序，也是和婦至成禮時相同，婦至成禮節，媵餕主人之餘，御餕婦餘，現在則是媵餕舅餘，御餕姑餘。

鄭注：「古者嫁女，必娣姪從之，謂之媵。姪，兄之子，娣，女弟也，娣尊，姪卑，若或無娣，猶先媵，客之也。」

爾雅釋親：「娣，女子同出，謂後生爲娣。」

公羊莊十九年傳：「諸侯一娶，則二國往媵之，以姪娣從，姪者何？兄之子也。娣者何？弟也。諸侯壹聘九女，諸侯不再娶。」

詩韓奕：「諸娣從之。」

公羊傳和詩經所提及的都是諸侯身份。而此篇稱士人娶婦，娣亦媵之，無娣，便以其他女子爲媵了。所以便有「雖無娣，媵先」之語。

# 第十三章　舅姑饗婦

## 舅姑共饗婦以一獻之禮

記：「婦席薦饌于房，饗婦，姑薦焉。」

又：「婦酢舅，更爵自薦。」

鄭注：「以酒勞食人曰饗。」

士冠注：「壹獻者，主人獻賓而已。卽燕，無亞獻者。獻、酢、酬，賓主各兩爵而禮成。」

禮經釋例：「凡主人進賓之酒謂之獻。」

案一獻，就是舅獻婦酒，姑則薦脯醢，然後婦酢舅，姑酬婦共成一獻。下經云：「老醴婦于房中，南面，如舅姑醴婦之禮。」然則本節舅姑饗婦亦或在房中舉行歟？

## 舅洗于南洗，姑洗于北洗，奠酬

記：「（婦）不敢拜洗，舅降則辟于房，不敢拜洗。」

禮經釋例：「凡主人先飲以勸賓之酒謂之酬。」

按記云「婦洗在北堂……北面盥。」則姑洗于北洗時亦是北面盥。舅姑饗婦的儀節，經文中的記載，實在過於簡略，張惠言在儀禮圖中曾把這一章作補充的說明，我們姑且把它抄錄在後，聊備參考，並且在括號內注明它的出處或加以補充。

「饗婦禮略之意言之，舅降取爵于篚洗（據士冠醮冠者），婦辟于房（記），舅升酌，筵前北面（準贊醴婦，筵爲南面，設于戶牖之間），婦筵西東面拜受（贊醴婦），舅阼階東面拜送（準鄉飲。案此處或應北面），婦又拜（贊醴婦。婦應東面），卽席，姑薦脯醢（記），贊者設俎（婦至成禮），婦祭脯醢，祭酒，祭肺（準鄉飲則應先祭肺），降席，東面卒爵拜（贊醴婦爲坐卒爵），舅答拜（應阼階上北面），婦又拜，更爵洗（祭統云：「男女皆易（更）爵。」洗，當於北洗。）酌（當酌於內尊），阼階上酢舅，舅西面拜受（鄉飲），婦復位（醴賓，贊醴婦），東面拜送（鄉飲皆有拜送之儀）。婦薦脯醢（記），亦宜有折俎（鄉飲酢），舅祭，卒爵（據鄉飲此下應有「興，坐奠觶，奠於薦南」之儀），拜（應爲立拜，見婦見舅姑章），婦答拜（在舅席前，見同上）。姑洗于北洗，酌，筵前北面酬（鄉飲），婦拜卒爵（鄉飲，燕禮酬時皆不言升席），婦北面于姑西答拜，姑洗酌，婦北面拜受，姑北面拜送，姑復位（按蓋復位於戶外南面，見婦見舅姑章），婦奠爵于薦左（鄉飲注：「酬酒不舉。」）復位，舅姑降，婦降。」（張惠言儀禮圖。）

按本儀節朱子亦曾以鄉飲禮約而釐定。今不俱引。

## 舅姑先降自西階，婦降自阼階

禮記昏義：「以著代也。」

案新婦降自阼階，卽主人之階。冠義謂：「適子冠于阼，以著代也。」和本節的意義相同。

# 歸婦俎于婦氏人

鄭注：「言俎，則饗禮有牲矣。婦氏人，丈夫送婦者，使有司歸俎，當以反命於女之父母，明其得禮。」

按士冠醴賓以一獻之禮後，有「歸賓俎」之禮，若不醴賓則醮用酒，這時則有「乾肉折俎」，「若殺，則特豚」，所以歸賓俎時亦因所行禮節的不同而異。婦饋舅姑時姑用「特豚」之俎，所以現在「歸婦俎」，或應歸特豚之俎。士冠醴賓下注云：「士禮一獻，卿大夫三獻，賓醴不用柶者，泲其醴，內則曰，飲，重醴淸糟，凡醴，事質者用糟，文者用淸。」因此可知一獻之禮，所用的爲淸醴，所以才有爵觶並用的現象（如鄉飮獻酢以爵而酢則用觶。）

# 第十四章　舅姑饗送者

## 舅饗送者以一獻之禮，酬以束錦

鄭注：「送者，女家有司也，爵至酬賓，又從之以束錦，所以相厚。」

案下經云：「壻饗婦送者，丈夫、婦人。」那麼送者中是有男有女的。由下文「姑饗婦人送者」可知舅所饗者必爲男性送者。周禮小行人：「合六幣……璧以帛，琮以錦。」大概錦是次於帛的。故納徵時用「玄纁束帛」，可見因禮之異，禮品亦隨之有等差的。

## 姑饗婦人送者，酬以束錦

鄭注：「婦人送者，隸子弟之妻妾，凡饗送之。」

案此亦當行一獻之禮。

## 若異邦，則贈丈夫送者以束錦

鄭注：「贈，送也，就賓館。」

案句讀云：「既於饗酬之，又就館贈之也。」

# 第十五章　舅姑沒，婦廟見及饗送者之禮

若舅姑既沒，則婦入三月，乃奠菜

禮記曾子問：「三月而廟見，擇日而祭于禰。」

句讀：「此下言舅姑既歿者之禮，三月婦道既成，乃廟見，因禮婦，饗從者。疏云：若舅歿姑存，則當時見姑，三月廟見舅，若舅存姑歿，無廟可見，或更有繼室，自然如常禮也。」

按特牲祭日陳設及位次一節中提到：「主婦纚笄宵衣。」婦廟見的時候或者也是穿着同樣的服飾。

席于廟奧，東面，右几。席于北方，南面

按奧，爾雅釋宮：「室西南隅。」可參宮室部份。句讀云：「席于奧者，舅席也。席于北方者，姑席也。舅姑別席異面，象生時婦見之禮，與常祭同几者不同也。」

祝盥，婦盥，于門外。婦執笲菜，祝帥婦以入

禮記曾子問注：「祝，接神者也。」

儀禮義疏：「婦人禮不下堂，此盥于門外者，以自外入也。祝盥，私臣沃之。婦盥，御者沃之。婦入廟由闈門，此由廟門者，以其奠菜，非常禮，故祝道之，而夫不偕也。」

案特牲記：「唯尸、祝、佐食玄端，玄裳黃裳雜裳可也，皆爵韠。」祝的服飾，可參服飾部份。

祝告，稱婦之姓曰：「某氏來婦，敢奠嘉菜于皇舅某子。」婦拜扱地，坐奠菜于几東席上，還，又拜，如初禮

案某氏，注：「齊女則曰姜氏，魯女則曰姬氏。」來婦，來作婦也。扱地，注：「手至地也，婦人扱地，猶男子稽首。」几東，胡培翬引盧文弨說：「李疑東字爲誤，蓋當言北。」其說或是。皇，有偉大之意，死後而尊稱。如金文、詩經中常稱「皇祖」、「皇考」等便是。某子，顧炎武曰：「或謚或字之稱。」

婦降堂，取笲菜，入，祝曰：「某氏來婦，敢告于皇姑某氏。」奠菜於席，如初禮

案婦降堂取笲菜，也是和婦見舅姑時情形一樣的，在婦人入廟時，已捧着笲菜，升堂時便交給侍候在西階下的從者。「婦降堂取笲菜」便有如婦見舅姑節：「降階，受笲腶脩，升。」故句讀云：「婦見舅訖，復自西階降，受腶脩以見姑。」

婦出，祝闔牖戶

案鄭注：「凡廟，無事則閉之。」今婦出，廟見之禮已經完成，故祝隨出時便把室的門窗關上。

老醴婦于房中，南面，如舅姑醴婦之禮

案「老」是舅姑的老家臣，現在舅姑已經身故，「老」便代表舅姑來醴婦，一如舅姑在生前應要行的禮節一樣。

壻饗婦送者，丈夫，婦人，如舅姑饗禮

案舅姑既身故，壻便是一家之主，現在婦人廟見，壻便以主人的身份饗酬男女的隨從。

# 附錄(一)　布席、升席、降席和坐席

在禮經裏面，祭祀神靈及宴飲賓客等等儀節都有布席的記載；只是由於神和人的地位不同，主人和賓客的身份有別，布席的方式也跟着不同。談到布席，我們同時也會聯想到升席，降席和坐席的方法如何，現在根據禮書的引載，把他們作一個類比的說明——

首先說布席：在儀禮士昏禮的納采和親迎兩章都有提到「主人筵于戶西，西上，右几。」席是有分首和尾的，所說的西上，便是把席首朝向西方，那都是爲神設席的方法，所以賈公彥疏說：「爲神則西上，爲人則東上。」因此士昏禮醴賓節有「主人徹几，改筵東上。」這就是爲人設席與爲神設席有所不同的緣故。其次几的安放部位和席的鋪設也有連帶的關係。如爲神設席時几多在席的右方，如士虞：「布席于宮中；東面，右几。」少牢：「司宮筵于奧，祝設几于筵上，右之。」士昏禮中「筵于戶西，西上，右几。」更是多見；如更換爲人設席時，則需徹几改筵，而几亦改設于左。聘禮禮賓：「宰夫徹几改筵。」注：「將禮賓，徹神几，改神席，更布也，賓席東上。」從這裏更可以明白的看出人與神布席的位置是有所不同的。

鄉射：「乃席賓，南面，東上，衆賓之席繼而西。」

燕禮：「司宮筵賓于戶西，東上。」又爲卿設席：「司宮兼卷重席，設于賓左，東上。」

大射：「小臣設公席于阼階上，西鄉，司宮設賓席于戶西，南面，有加席，卿席賓東，東上，小卿賓西，東上，大夫繼而東上，若有東面者則北上，席工於西階之東，東上，諸公阼階西，北面東上。」

從上面的引述，可知布席的方向不同，席首的位置也不一樣，所以爲神爲人的布席，我們更加需要了解了。

清人淩廷堪的禮經釋例曾云：「凡設席，南鄉北鄉，于神則西上，于人則東上；東鄉西鄉，于神則南上，于人則北上。」他的說法可以說是很符合儀禮經文的。但是我們看到曲禮：「奉席如橋衡，請席何鄉，請衽何趾，席南鄉北鄉，以西方爲上，東鄉西鄉，以南方爲上。」所敍述的却剛好與禮經相反。因此淩氏說：「曲禮出諸儒所記，信傳固不如信經也。」這當然是治經的人所說的話，不過，我們客觀地來說，便很難說那一個是對，那一個是錯。因爲儀禮和禮記，都是出於儒家的記載，可能有時代先後的分別，他們如有不同的地方，可能就是因爲記載的時間或者地域不一樣，加以儒家各派的主張，議論並不一致，因此說法便不相同了。如果我們能够利用先秦其他文獻史料，來證明這二種說法的眞相，那就最妥當不過；否則，兩種說法只好並存了。

衽席（臥席）的鋪設，見於士昏禮：「御衽于奧，媵衽良席在東，皆有枕，北止。」和普遍布席的方法並沒有什麼不同。而且也可以看出它是以南爲上，即以右爲上位的。

曲禮：「若非飲食之客，則布席間函丈。」這樣說來，飲食的時候，賓主兩席的距離便不會相隔一丈那麼遠的了。但是士昏禮中的同牢禮，兩席的距離又是怎樣呢？還好，我們看到玉藻說：「豆去席尺。」這樣把俎豆擺設好了以後，他們的距離便大概可以曉得了。

以上所說的是布席的方法。

升席和降席

鄉飲主人獻賓：「賓升席自西方。」注：「升由下也，升必中席。」

又：「賓……降席。」注：「降席，席西也。」

按賓席是在堂上南面，席以東爲上，西爲下，今賓的升降由席西，是升降皆由下了。

鄉飲主人獻介：「介升席自北方……自南方降席。」

按介席設在西階，面朝東方，席以南爲上，北爲下，今介升席自北方，降席自南方，則是升由下，降由上。

鄉飲司正安賓：「主人降席自南方。」

又賓酢主人：「主人升席自北方……自席前適阼階上，北面坐啐爵。」注：「自席前者，啐酒席末，因從北方降（知北方降者，以自席前故）由便也。」

主人設席在東階，面朝西，主人的升降本應是升由北方，降席自南方，即升由下降由上，而因爲「由便」的緣故也有自北方降席的，卽升降皆由下。

鄉飲記：「主人、介，凡升席自北方，降自南方。」注「席南上，升由下，降由上，由便。」

有司徹主人獻尸：「尸升筵自西方。」

尸席是設在戶西南面，以西爲上，東爲下，今尸升筵自西方，則是升由上了。

有司徹主人獻侑從獻之儀：「侑升筵自北方……侑降筵自北方。」

侑是席於西序，東面，今侑升降自北方，卽升降皆由下。

有司徹主人受尸酢：「主人升筵自北方……降筵自北方。」

主人是席於東序，西面，今升降自北方，亦是升降皆由下。

由以上各條記載看來，升降的法則是頗爲參差的。鄭康成在前引的鄉飲記注說：「升由下，降由上，由便。」而在鄉飲贊酢主人節「主人升席自北方……」下又注：「因從北方降，由便也。」升由下，降由上是「由便」，升降由下也是「由便」，這樣說來，升席降席似乎是沒有一定法規的。不過除了有司徹主人獻尸「尸升筵自西方」（那是因爲尸是神相所以升由上）以及鄉射主人獻大夫：「大夫升席」。注云：「大夫升席由東方。」（按大夫的席是面朝南的，由布席的法則知應以東爲上，今鄭注却說「大夫升席由東方」，不知他的根據何在了。）外，一般來說，升由下，降由上，是常禮，如果有什麽不同的話，只好說那是因爲「由便」的緣故了。

以上是升席，降席的方法。

坐席的方法，以禮記中的記載為多。

曲禮：「主人跪正席，客跪撫席而辭，客徹重席，主人固辭，客踐席乃坐，主人不問，客不先舉，將即席，客毋怍，兩手摳衣去齊尺，衣毋撥，足毋蹶。」

又云：「虛坐盡後，食坐盡前……侍坐於尊敬，毋餘席。」

又：「男女不雜坐……姑、姊、妹、女子子，已嫁而反，兄弟弗與同席而坐……父子不同席。」

又：「有憂者側席而坐，有喪者專席而坐。」

玉藻：「徒坐不盡席尺。」疏云：「示無所求於前，不忘謙也。」

又云：「讀書、食則齊，豆去席尺。」疏云：「讀書聲則當聞尊者，食為其汙席，坐則前與席畔齊也。」

鄉飲酒禮主人獻賓：「賓升席自西方。」注：「升由下也，升必中席。」

「升必中席」，應當是常法；但是曲禮卻說：「坐不中席。」似乎是有些矛盾；但那卻是指年青人在前輩面前坐席的方法，如果是成人，都應該是「升必中席」的，不過由於禮節的互異，坐席的法規便有多種的不同而已。

綜合以上的述說，對於布席，升席，降席，坐席的方法，大概總可以有一個概括的觀念了。

（本文曾刊孔孟月刊第八卷第三期）

# 附錄(二)　拜

周禮大祝云：「辨九拜：一曰稽首，二曰頓首，三曰空首，四曰振動，五曰吉拜，六曰凶拜，七曰奇拜，八曰褒拜，九曰肅拜。以享右祭祀。」

按：九拜的解釋，前儒多所論辯，其中最著的，要推清淩次仲的九拜解（禮經釋例）及段茂堂說文解字「拜」字注。其說現在我們且不俱論。茲以與儀禮有關者略言之：

(一) 拜是通名，又爲專名，如周禮之稱九拜，便是通名。專名則如金文中的「拜稽首」、「拜手稽首」、「再拜稽首」及文獻中「拜」、「再拜」（如儀禮各篇所載）等是。

按：拜，說文云：「首至手也。」（从段改）友段作[illegible]，虘段作[illegible]，正示以手及首。其他如卯段、噩侯鼎、揚段等器及尙書中所稱「拜手」亦正是以手及首之義。荀子曰：「平衡曰拜。」賈子曰：「拜以磬折之容。」拜之動作蓋乃手與胸齊，以首就手。

行禮的時候，「拜」又視行禮的需要而有跪拜與立拜的分別，士冠禮：「冠者……坐奠觶，拜，執觶興。」鄉飲：「(賓) 坐奠爵，拜，告旨，執爵，興。」士昏禮：「贊……拜，皆答拜。(贊) 坐祭，卒爵，拜，皆答拜，興。」(胡培翬儀禮正義云：「興者，贊者及夫婦皆興也」。）以上男女所行的拜禮都是跪拜。士昏禮：「(婦) 進拜，奠於席。舅坐撫之，興，答拜。」是男女皆立拜。士昏禮：「(婦) 進，北面奠於席，姑坐舉以興，拜，授人。」又：「婦升席……建柶興，拜。……。」則是女子之立拜。

(二) 按儀禮中有「稽首」拜是男子獨具之拜禮(見士冠，士昏等篇。) 但卻無「頓首」拜之稱，金文中亦然，其實稽首卽頓首，只是時代不同所用的名稱有別而已。

稽首，禮記玉藻：「據掌致諸地。」言跪於地，以手據地而首下叩，有如後世的叩首，而並非鄭氏所說：「拜頭至地也。」(周禮太祝注)。拜頭至地便變成「稽顙」那是在喪時的專禮。

女子也有頓首(即稽首)之禮，如左文公二年傳：「晉穆嬴頓首於趙宣子。」士昏禮婦廟見時又有：「婦拜扱地。」鄭注：「手至地也。婦扱地，猶男子之稽首。」扱地是否爲拜之專名，此姑不論；但是鄭注以爲扱地就如稽首却是對的。

凡稽首必跪，古者跪坐之別，其說莫當於朱子。朱子跪坐拜說：「兩膝著地，以尻著踵而稍安者爲坐。伸胸及股，而危勢者爲跪。」

(三) 女子又有「肅拜」，肅拜者，只是合手而低頭。周禮太祝注：「鄭司農云：『但俯下手，今時撎也。』」禮記少儀：「婦人吉事，雖有君賜，肅拜。爲尸坐，則不手拜，(即「拜手」)，肅拜；爲喪主則不手拜。」注：「肅拜，拜低頭也，手拜，手至地也，婦人以肅拜爲正，凶事乃手拜耳。」若以鄭注所說，婦人的手拜，也許即昏禮中婦廟見時的扱地拜。然則婦人之拜亦有兩種了。

左傳成十六年傳：「間蒙甲冑，不敢拜命……爲事之故敢肅使者，三肅使者而退。」

曲禮：「介者不拜(拜，指手拜——拜手)。爲其拜而蓌拜。」

可見男女皆有肅拜、立拜和跪拜，只是要視當時行禮的儀節而變罷了。

此外從意義上來說還有吉拜和凶拜的分別。禮記內則：「凡男拜尚左手。」又：「凡女拜尚右手。」這是指通常吉拜而言，如果男子凶拜則尚右手，如檀弓：「孔子與門人立，拱而尚右，二三子亦皆尚右。孔子曰：『二三子之嗜學也，我則有姊之喪故也。』二三子皆尚左。」是吉凶二禮之異，施拜的動作亦判然有別的了。

# 附錄(三)　「拜䭫首」釋義

兩周彝器銘文中，多述時王賞賜以及作器之由。而「拜䭫首」及「拜手䭫首」兩辭，則往往見於賞賜之後。今據兩周金文辭大系及三代吉金文存所錄器物，集其有關「拜䭫首」之辭者，計八十餘器，並以郭氏所斷諸器物之年代為準。知凡穆王以前之銘文皆作「拜䭫首」，穆王以後始間有「拜手䭫首」之出現，且為數甚少。茲列舉如下：

遹毁（穆王時器）

「遹拜首（手）䭫首，敢對揚穆王休。」

彔伯㦴毁（穆王時器）

「彔伯㦴敢拜手䭫首，對揚天子不顯休。」

卯毁（懿王時器）

「卯拜手頁手（䭫首），敢對揚焚白休。」

噩侯鼎（夷王時器）

「（駿）方拜手䭫首，敢（對揚）天子不顯休贅，用作𢍜鼎。」

揚毁（厲王時器）

「揚拜手䭫首，敢對揚天子不顯休命。」

無㠱毁（厲王時器）

「無㠱拜手䭫首曰，敢對揚天子魯休命。」

伊毁（厲王時器）

「伊拜手䭫首，對揚天子休。」

茾伯𣪘（宣王時器）

「茾白拜手䭫（䭫）首，天子休。」

師𧽊𣪘（宣王時器）

「師𧽊拜手䭫首，敢對揚天子休。」

「拜手䭫首」一辭，在金文所有稽首禮中，僅佔十分之一，且自穆王以後始得見之，可知「拜手䭫首」實較「拜䭫首」爲晚出，然則「拜䭫首」於䭫首禮中當爲最早見之者矣。至若「再拜䭫首」、「䭫首再拜」,「拜」或「再拜」，甚而有所謂「九拜」者（周官太祝）乃時代愈後，禮變愈繁故也。

「拜」，金文作（班𣪘）（師虎𣪘）（師奎父鼎）（諫𣪘）（寰盤）（令鼎）（師晨鼎）（友簋）（豦簋）（康鼎）諸形。

說文云：「𢷎，首至手也（從段改），从手𠦪。𢱭，古文𢷎，從二手。𢷏，楊雄說𢷎從兩手下。」他本說文皆謂「𢷎，首至地也。」而段玉裁獨改「地」爲「手」，最具卓識。蓋「首至地」者，猶喪禮之稽顙耳，而「䭫首」之禮則爲𢷎掌於地後始彎身向下，拜首於手，與「稽顙」有別。金文中「拜䭫首」、「拜手䭫首」者，乃既拜首至手復𢷎掌於地而拜首至手之禮。故「首至手」、「首至地」二者，其義固有所分屬也。

郭氏於金文餘釋之餘釋拜云：

「國風召南甘棠第三章『蔽芾甘棠，勿翦勿拜』，與首章『勿翦勿伐』，次章『勿翦勿敗』爲對文。鄭玄『拜之言拔也』，蓋謂假拜爲拔。今案拜實拔之初字，用爲拜手韻首字者，乃其引伸之義也。金文拜字至多見，今略舉數例如次：

拜（周公𣪘）拜（㝬鼎）拜（師酉𣪘）拜（師𩛥𣪘）

凡此均示以手連根拔起草卉之意，解爲拔之初字正適。拜手至地有類拔草卉然，故引伸爲拜。引伸之義行而本義廢，故造拔字以尸之。拜手字有作拜（友𣪘）者，其本字也。」

考「拜」之音讀，說文校議：

「𢷎，小徐作𠦪聲。按𠦪，音忽，校語。」

詩經「勿翦勿拜」，鄭玄以爲「拜之言拔也」。若然者，蓋拜、拔因聲近相假借而已，未可即遽言拜之本義爲拔也。

說文句讀：

「𢷎，首至地也，从手，𠦪聲。（博怪切）」

諧聲補逸：

「𢷎，𠦪聲。𠦪字注云：从夲，卉聲，拜从此。𠦪，拜聲相近，故𢷎从𠦪聲。」

按廣韻去聲怪韻收𢷎、拜二字，「博怪切」屬中古幫母。拜字於詩經既假借爲拔（甘棠），其聲必相近，然考其本音，說者多因其偏旁从𠦪，而以爲即𠦪聲，音忽，是皆據篆文字形說解，實難確信。然「博怪切」之音讀沿用既久，亦無復疑之者矣。

契文有𣏍（前一·二七·一）𣏍（後上五·二）𣏍（前六·四三·二）𣏍（後上二十·五）諸形，與金文拜字所從偏旁極相似，諸家遂據之釋爲「𠦪」。李孝定先生甲骨文字集釋第十釋「𠦪」云：

「按說文『𠦪，疾也，从夲，卉聲。拜從此。』金文拜均从𠦪，與此同。或亦𣏍者，其譌變也。研契諸家即據金文拜有𣏍作者，遂逕釋契文之𣏍爲𠦪，與此混爲一談，非是。契文𣏍當釋求。」

契文之⽶與拜既不相涉，拜字所從偏旁則亦無由據以論說矣。竊意以為金文中「拜」字偏旁之類禾草者，蓋取其下垂之象，而旁著手形，意味行拜禮之際，俯首下垂於手之意。如：

康鼎：

友段：

㝨段：

其「拜」字正似首至手之形，故「拜」義非「首至地」又顯而易見矣！古文𢷎字从二手，是又遺其作拜之際，兩手相拱之意乎？

郭氏以為拜卽拔之初字，然若拜有拔義，所從手旁容有向下之形，今其手皆朝上，雖云文字之演變，毋須固執偏旁所居之上下左右，然若此全無例外者，似與拔義無涉矣。再者金文中「拜」字所从手旁亦絕無省作乂或乂形者，是亦可注意者也。今姑毋論拜是否卽拔之初字，然郭氏既知「拜手字有作𢪿（友段）者，其本字也。」而仍言「拜手至地，有類拔草芔然，故引伸為拜。」其說則未敢苟同矣。

段玉裁釋拜（經韻樓集卷六）云：

「拜者何也，頭至手也。頭至手，故經謂之拜手，凡經或言拜手或單言拜，一也。周禮謂之空首，鄭曰：空首，拜頭至手。所謂拜手也。何休注公羊傳曰：頭至手曰拜手。某氏注尚書曰：拜手，首至手。皆其證也。何以謂之頭至手也，說文解字曰：跪者所以拜也。既跪而拱手，而頭俯至於手與心平，是之謂頭至手。荀卿子曰：平衡曰拜。是也。頭不至於地，是以周禮謂之空首。曰空首者，對稽首、頓首之頭著地言也。拜本專爲空首之稱，引伸之，則稽首、頓首、肅拜，皆曰拜。」

段氏除引用後起之辭解說（若空首）稍嫌拘泥外，對「拜」之解釋最爲明白。「拜」本爲專名，而後始引伸爲通名。「拜」本身之動作只是「首至手也」。（說文。從段注改。）友段、𢉩段、康鼎之「拜」字（見上引），正示以首及手之形。故遹段所謂「拜首頧首」（），「」或即「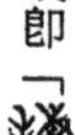」（𢉩段）之孳乳，蓋又或因「首至手」之義而別出「」字，然並無妨礙禮意，釋者則據金文中有「拜手稽首」一辭，及先秦文獻中亦多見之，故以「首」爲「手」之誤字。惟竊意以爲正之者固可，若仍作「首」之舊亦未爲非也。至若從字形言之，「拜首」、「拜手」究爲「預」之分書，抑「預」爲「拜手」之合文？此語誠難論斷。今從銘文歸納排比之下，可見其辭出現之先後，及其分合演變之迹，本諸其義，固無由考定。要之，就「拜」字之本身實已具「首至手」之義，故金文中作「拜頧首」者，其禮意至明。而「拜首䭫首」、「拜手䭫首」之作，乃欲更明其意而復造新辭耳。

段氏於釋拜中云：「拜者，拜手之省文。」則是未明「拜手」出於「拜」之後，其語固不待辯。

「䭫」字金文作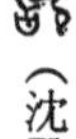（沈子簋）（𠚤鼎）（康鼎）（師遽簋）諸形。

說文云：「䭫，䭫首也，从首旨聲。」

「䭫」乃䭫首之本字，今俗皆作「稽首」。「稽」，說文云：

「留止也，从手，从尤，旨聲」

「稽」、「䭫」二字皆從旨聲，故假「稽」爲「䭫」，或誤書「稽」爲「䭫首」字者，沿用既久，「䭫首」之本字反多不用。段注云：「周禮䭫首，本又有作稽者」

段氏釋拜曰：

「稽首者何也，拜頭至地也。既拜手而拱手下至於地，而頭亦下至於地。荀卿子曰：下衡曰稽首。是也。白虎通、鄭注周禮、何注公羊、某氏注尚書、趙注孟子，皆曰：拜頭至地曰稽首。拜重手，故字從手，䭫重首，故字從首也。」

䭫首，本是據掌於地然後拜頭至手之禮。而曰拜頭至地者，混言之耳。䭫字所從之「旨」，許慎以爲是其聲旁。「䭫」字於廣韻分屬平聲齊韻（古奚切，見母。）及上聲薺韻（康禮切，溪母。）由於語音之演變，中古至現在其舌根音聲母之細音部份，有顎化爲舌面音之現象。如：

羌 **kjaŋ→tɕiaŋ 7**

便是。同樣的，䭫也已經由 **kai→tɕi 7** 。然「旨」於廣韻却屬旨韻。（職維切，章母。）其聲母「tɕ」，與䭫所屬之「**K**」母不類，本無由作䭫之聲旁，惟「䭫」字於西周已有聲假之例。若令𣪘（成王時器）：（節錄節摹）

「令敢揚皇王宣，丁公文報，用䭫（啓）後人亯。」

郭氏以爲「䭫」假借爲「啓」，廣韻「䭫」、「啓」同屬薺韻，其反切又同。薺韻之「䭫」字亦與「啓」爲一聲之轉，故郭氏之說確屬可信。「䭫」、「啓」既爲聲假，而「䭫」字所從已爲「旨」旁，然則「旨」在西周當然不會如現在讀作 tʂi˥ 或中古讀作 tɕi˥。現在根據董同龢先生於上古聲母之擬測中，假設中古 tɕ 系字是由上古 *ȶ、*c 兩系所變，*c 屬舌位偏前之舌根音（或舌位偏後之舌面音），與K系字發音部位非常相近，因此上古多與舌根字諧聲。如：

**支 tɕ-、枝 tɕ-：紱 k-、岐 gʻ-**

旨 tɕ-：稽 k-、耆 gʻ-

皆是。由上所舉諧聲之現象及令殷中假「䭫」爲「啓」之例，我們可以解釋「旨」字在上古，其聲母正讀作 *c，與 *K 相近，故得从旨聲之「䭫」假爲「啓」。東漢時許愼於說文中以爲「䭫」是「从首旨聲」。許氏當日對「旨」或仍讀作 *c。及逮於宋，「旨」已顎化爲 tɕ-，而「䭫」仍保存 K- 母。至今在國語則已顎化爲 tɕi˥，而「旨」亦已變作捲舌的 tʂi˥。「䭫」、「旨」仍爲一聲之轉，是以「旨」爲「䭫」之聲旁一說，固無人疑之者，然其本音已經嬗變矣！

彔伯簋之「䭫」字不从首而從手，作「」正爲上古以「旨」爲聲旁之最好明證。「䭫首」又有作：

頁手（䭫首）（卯簋）

頁首（䭫首）（宂鼎）

頁手（䭫首）（不𡢁簋）

者，乃字形省略或筆誤之故耳。

「䭫首」二字必與「拜」字連文作「拜稽首」，此金文之通例也。如：

班毀：「班拜䭫首曰：『烏虖，不吥𠃇皇公……』。」

令鼎：「令拜䭫首曰：『小囗廼學。』令對揚王休。」

周公毀：「拜䭫首，魯天子竆（造）氒𩕢（順）福。」

沈子毀：「也曰：拜䭫首敢取邵告朕吾考令（命）。」

趞鼎：「趞拜䭫首，對揚王休，用乍季姜䵼彝。」

而「䭫首」一辭獨用，最早見於舀鼎（孝王時器）：

「（匡廼䭫首于舀。）」

又：

「（用茲四夫䭫首。）」

「拜䭫首」多爲答謝天子賞賜所行之拜禮，今匡施禮于舀用「䭫首」之禮，蓋或施禮對象之身份不同，而行禮之間則有省「拜」之步驟。然若師訇毀（宣王時器），訇受天子賜，亦但云：

「[illegible]䭫首，敢對揚天子休。」

是又非禮之省略所能解釋者矣。彼若非銘文脫漏，則或因時代既晚，而「䭫首」一辭已獨立成爲專名所致。然上舉兩例皆屬孤證，未足成說，知者，聊備一覽云耳。

總觀全文所錄，「拜䭫首」實拜禮中最原始之專名，其義當爲先跪地，兩手拱於胸前，然後拜頭至手，再俯身據掌於地，然後拜頭至手。而「拜手䭫首」則因「拜首至手」之義而孳生。其後或因禮之省略，乃有「䭫首」一辭之獨用。而「再拜稽首」者，又爲禮之增益矣！金文中見之者唯叔夷鐘（齊器）：（節錄節摹）

「尸用或（又）敢𠕋（再）拜䭫首，雁受君公之錫光。」

是該辭晚出之證。又「拜」之成爲通名，亦或與「再拜䭫首」之出同時。金文中亦只一見。洹子孟姜壺（齊器）云：

「齊侯拜嘉命。」（銘文漫漶，不摹。）

此乃「拜」字獨用之最早見者。春秋戰國間文獻，「再拜䭫首」及「拜」二辭多用，或乃當時之產物也。

先秦文獻中，用拜𩒨首禮者是爲習見，惟其用辭之不同，亦恐與時代背景有關。茲例擧如下，略見端緒。

詩經大雅江漢：「虎拜稽首」一辭兩見。

　小雅楚茨：「小大稽首」一見。

尙書堯典：「禹拜稽首」「垂拜稽首」「伯拜稽首」三見。

皐陶謨：「拜手稽首」一見。「拜」字獨用兩見。

召誥：「拜手稽首」一見。

洛誥：「拜手稽首」四見。

立政：「拜手稽首」兩見。

顧命：「再拜稽首」兩見。

　「再拜」、「答拜」各一見。

　「拜」四見。

周書：「拜手稽首」、「再拜稽首」、「稽首」、「拜」皆已雜用。

儀禮則多用「再拜稽首」、「拜送」、「答再拜」、「拜」等，更於士昏禮婦廟見一章中，別出「扱地拜」一辭，是凶禮中婦人所專用者，與男子行禮之稱有所不同。

國語周語上：

「襄王使邵公過及內史過賜晉惠公命，呂甥郤芮相晉侯不敬，晉侯執玉卑，拜不稽首，內史過歸以告王曰，晉不亡，其君必無後。」

又：「夫執玉卑，替其贄也。拜不稽首，誣其王也。」

可見「拜不稽首」者，非禮也。拜復稽首方爲正禮，故拜與稽首原屬兩事，由此可知矣。於晉語二，又有「再拜不稽首」者，蓋爲繼「再拜稽首」後之所衍。

左傳及禮記除雜見「拜稽首」、「再拜稽首」、「稽首」、「再拜」、「拜」等外，又有「三拜稽首」（見僖公十五年傳）。於凶禮中更易名爲「稽顙」。他如墨子有「再拜頓首」、「再拜再拜」。韓非子有「頓首再拜」。孟子萬章下又有「北面稽首再拜而不受」及「再拜稽首而受」（胡玉縉許廎學林卷五曾論辯之）。周禮太祝又別出九拜之稱：一曰稽首。二曰頓首。三曰空首。四曰振動。五曰吉拜。六曰凶拜。七曰奇拜。八曰褒拜。九曰肅拜。是皆時事更易。拜禮乃有隆殺之分而已。要之，其名目雖異實皆源於「拜稽首」者也。

今由彝器銘文中，既知拜禮之源，參酌先秦故籍所述拜禮，排比羅列，則拜禮嬗變之跡，亦秩然可尋。

附記：文成之後承唐健垣君見告三代十三、四二農卣中有「三拜稽首」一辭，是則爲金文中拜稽首之特例矣。爰爲識，並附其銘于後以備參考。

（本文曾刊中國文字第二八期）

# 附錄(四) 脫屨說

在古代的禮節裏，升堂燕飲以前，往往要把屨——鞋子——先脫下來的；但是儀禮士昏禮中却沒有提到這個問題，可能是因爲這種習慣太普遍了，所以便不加以敘說；現在把有關的資料提出來，作一個簡單的說明，從而試看士昏禮中脫屨情形的一斑。

(一)有在堂下脫屨者：

鄉飲坐燕：「說屨，揖讓如初，升，坐。」鄭注：「說屨者，爲安燕當坐也，必說于下者，屨賤不空居堂，說屨，主人先左，賓先右。」

燕禮立司正命安賓：「賓反入，及卿大夫皆說屨，升就席。」鄭注：「凡燕坐必說屨，屨賤不在堂也。」

大射徹俎安坐：「諸公卿大夫皆說屨，升，就席。」

鄉射燕坐無算爵，無算樂，射後飲酒禮竟：「主人以賓揖讓，說屨，乃升，大夫及衆賓皆說屨，升，坐。」

少儀：「凡祭于室中，堂上無跣，燕則有之。」

曲禮：「侍坐于長者，屨不上于堂，解屨不敢當階。就屨，跪而擧之，屛于側。鄉長者而屨；跪而遷屨，俯而納屨。」

左宣二年傳：「晉侯飲趙盾酒……遂跣以下。」（按跣與脫屨，可參段玉裁說文跣字注。）

(二)有入室始脫屨者：

少儀：「排闔說屨于戶內者，一人而已矣，有尊長在則否。」

(三)因有尊長在而脫屨戶外者：

少儀：「有尊長在則否。」（不在戶內脫屨。）

莊子寓言篇陽子居見老聃：「進學漱巾櫛，脫屨戶外。」

四又有位尊雖入室而不脫屨者：

士虞禮記：「尸坐不脫屨。」

以上四種情形可說是禮經中都可以看到的，鄉射禮（引見前）孔疏，也曾簡單的歸納說：

「尊卑在室，則尊者脫屨戶內，其餘脫屨于戶外，若尊卑在堂，則亦尊者一人脫屨在堂，其餘脫堂下。是以燕禮，大射，臣皆說屨階下，公不見說屨之文，明公舄在堂，此鄉飲酒，賓主行敵禮，故皆說屨堂下也。」

現在把上面所述說的，以士昏禮中各人物做例子，按着他們的身份，來決定行禮時脫屨的準則。

(1)在納采，問名，納吉，納徵，請期，這些禮節裏面，使者與主人授受鴈，都是在堂上行禮，由於不是燕飲，所以皆不必脫屨。

(2)醴使者一節，賓在筵上行飲酒禮，他的身份和主人相當，以鄉飲酒禮行獻禮時爲準，賓和主人行敵禮，皆脫屨堂下，因此我們說醴使者中的賓主二人，行禮以前先要在堂下脫屨。

(3)親迎中，男女主人與壻及女的身份雖然各不相同，但他們也是只在堂上行禮，而非宴飲所以升堂不脫屨。

(4)婦至成禮一節，丈夫入室則脫屨戶內，婦人及贊，媵，御，姆的身份較主人（丈夫）爲卑，所以都應是脫屨戶外。

(5)婦見舅姑及其他堂上饗醴各種禮節，舅姑在升席之前，必先脫屨堂上，婦人則應該脫屨在堂下，而且不能當階而脫。

(6)婦饋舅姑一節，舅姑入于室，舅入室後脫屨升席，姑，婦及媵御則應該在入室之前，說屨在戶外。

(7)廟見的時候，祝和婦人也是在戶外說屨。

（本文曾刊孔孟月刊第八卷第三期）

# 二、儀禮士昏禮白話翻譯

## △納采

昏禮舉行之初，男家先派人到女家，傳達要向這家（女家）提親的意思。納采用一只活的鴈作爲摯見禮物。

男家主人穿戴着玄冠和玄端服，結着深黑色——緇色的帶子，繫上爵色的蔽膝——韠，穿着黑色而帶有青色鈎子的鞋——屨，在他家廟的院子當中朝南站着，要被派到女家去的人——使者也是穿戴着玄冠，玄端服，——在院子當中朝北站着，主人便命他到女家去行「納采」和「問名」的禮。

女家的主人（女子之父、兄），爲他們祖先的神靈，在家廟堂上室戶的西邊，向着南方鋪設了筵，筵的上頭朝西，並且在筵上的右邊（西邊），擺了一個几子。

在某一天，天剛黎明的時候——昕，使者（以下簡稱客人）穿戴着玄冠，玄端服，拿着鴈（鴈頭向左）來到女家的大門外邊，朝東站着，女家輔助行禮的人——擯者（以下稱相禮的人），穿戴着玄冠，玄端，走出大門，朝西站着，向客人請問來意，客人就向相禮的人說：「您（指女父兄）有很厚盛的意思，賞給某（壻名）一個妻子，某（壻父兄名）有祖先遺下的規矩，現在根據這個規矩，叫某（使者名）來向您的主人請求行選擇貴府女子的禮節。」相禮的人回答客人說：「某（女父、兄名）的女孩子（或姊、妹）很是愚蠢，又沒有能好好的教導她；不過您（指婿父、兄）既然有了這個命令（選擇她做媳婦的命令），某（女父、兄名）倒不敢推辭了。」相禮的人便回身入門，把客人的來意，向女方的主人報告。

女家主人，穿戴起和客人同樣的衣服——玄冠，玄端服，到大門外去迎接他，主人站在門外東邊面朝西，客人站在門外西邊面朝東，主人向客人拜了兩次，客人並不回答主人的拜禮。主人和客人，互相作一個揖，客人拿着鴈，就同主人進入大門，到了廟門，兩人又互相作一個揖，才進入廟門。主人進門向東，客人進門向西，在院子裏有兩個拐灣的甬路上往北走，每遇一個拐灣，就朝北作一個揖，當碑的部位又作一揖，共作了三個揖，就到了台階下了。他們互相讓着對方先上台階，讓了三次，主人和客人同時上堂去，主人從東邊的台階先上，客人從西邊的台階跟着後上，主人上堂後在阼階（東階）上，面朝西站着，客人由西階上堂，在正當堂的屋脊——阿的底下站定，面朝着東方，傳達壻的父兄的命令說：「冒昧的來行納采的禮節。」主人聽了以後，就在阼階上答禮，向北拜了兩次。

主人和客人，都走到堂上當中兩根柱子的中間——兩楹之間，主人先西面朝着客人，然後在客人的左邊（東邊）和客人並肩向南站着，客人臉朝南，把鴈送給主人。主人就回到阼階上，臉朝西對客人說：「某（女的父兄）的女孩子（或姊妹）很是愚蠢，又沒有能夠好好教導她，不過您既然有了這個命令（選擇她做媳婦的命令），某（女父兄）不敢推辭。」客人就從西階下堂出廟門去了，主人也下堂把鴈交給管家的人。主人隨着便在阼階下，朝着西方站着。

△問名

相禮的人，走出廟門，臉朝着西，請問客人還有甚麼事，客人臉朝東，手裏拿着一只活的鴈，回答說：「要請問小姐芳名？」相禮的人便進門去（在阼階下朝東）報告了主人，主人答應了，客人就進了廟門，到階前與主人互讓三次，客人從西階下去，主人從東階上去。主人在東階上朝西站着，客人走到堂上，當着堂的屋頂屋脊下邊，臉朝着東客人便轉達壻的父、兄的命令說：「某（壻父、兄的名）既然接受了您允許『納采』的命令，就將待要把這件事用龜占卜來作決定；那麼冒昧的來請問小姐姓甚麼？」，主人於是朝北答拜兩次。之後，客人和主人同時走到堂上的兩楹當中，主人在客人的左邊（東邊）與客人並肩向南站着，客人把鴈送交給主人，主人接過來後，便回到阼階的位置，臉朝着西，回答客人說：「您（壻的父兄）有命令暫時的把這女孩子，算作在您許多選擇的對象中，選擇了她。某（主人）不敢推辭。」（主人當然就把女孩子的姓告訴客人了）。客人接受了主人告訴他女孩子名字的命令，就從西階下堂出廟門去了，主人也下堂，把鴈交給管家的人，主人隨着便在阼階下朝西站着。

△醴使者

相禮的人，走出廟門朝西站着向客人請問還有沒有事，客人在廟門外的西邊，朝東告訴相禮的人說：「沒有事了。」相禮的人就進廟門走到阼階下，朝東報告主人。

主人使相禮的人出門去請客人回來，預備用醴來招待他。相禮的人出去在門外東邊朝西對客人說：「您爲了『納采』、『問名』的事情來到某（女父、兄名）的家裏，某有先人遺留的規矩，請用醴來款待您和跟從的人。」客人在廟門外西邊朝東只作了一次禮貌的辭謝便回答說：「某（客人名）既然得到把『納采』、『問名』的禮行完了，冒昧的辭謝您的厚意。」相禮的人又對客人說：「這是先人遺留下的規矩，冒昧堅決的來請您接受！」客人又回答說：「某（客人名）辭謝既然不能得到您的允許，怎麼不得不冒昧的來聽從您的吩咐呢？」客人就這樣的答應了。

主人把「納采」、「問名」的時候，設在廟堂上室戶西邊的筵，改變爲以東頭爲上來陳設。在房內（西墉的下邊）擺上一個尊——甒，裏邊盛着醴，又擺上一個竹筐子——篚，在甒的北邊，裏邊裝着勺子、酒杯——觶，和在觶裏扱醴用的角質的柶（後有柄，前頭有匙——葉。）在篚的北邊，還擺着盛有肉乾——脯的籩，和盛有肉醬——醢的豆。

主人到廟外邊去迎接客人，主人站在門外的東邊朝西，客人站在門外的西邊朝東，主人向客人拜了兩次，客人並不答拜。於是主客面對着互相作了一個揖，就一起進廟，主人入門向東，客人進門向西，在庭院有兩個拐灣的甬路上向北走，每遇一個拐灣，都朝北作一個揖；兩個拐灣和當碑的部位共作了三個揖，就到了台階下邊了。主人和客人互相讓着對方先上台階，讓了三次主人就和客人往堂上走主人由阼階先上，客人從西階後上，主人上堂後在阼階上向北拜了兩次，客人在西階上，朝北向主人答拜。

主人用左手拿着几，用右手的袖子拂拭三下，然後兩手執着几子的腿——校，走到筵的前邊，臉朝西，客人也從西階上走到筵前，臉朝東站着，主人把几交給客人，然後回到阼階上朝北站着行拜送几的禮。客人手拿着几，側身迴避主人的拜禮，隨着便朝北把几子擺在筵上的左首（東邊），然後回到西階上，朝着北面向主人答拜。

相禮的人從房裏西牆下邊的甒尊裏，用勺子舀出醴來盛在觶裏，把角柶擺在觶的口上，而柶的葉向着前方，用雙手端着觶從房裏出來，走到阼階上朝南面向主人，主人在阼階上臉朝北把醴接過，擺在觶口上的柶的枋——柄，這時就變成朝向前了。主人走到筵前，面朝着西北，客人在西階上朝北行了拜禮，便到筵前朝東把醴接過來，然後拿着觶回到西階上朝北的原位，主人也回到阼階上，朝北行送醴的拜禮。

相禮的人到房裏，把西牆下頭，靠北而設的盛肉乾的籩和盛肉醬的豆拿出來，擺到筵的前面，肉乾豆在西邊，肉醬豆在東邊。

客人便從西階上走到筵前，從筵的西頭上了筵，在席子的當中坐下，左手拿着觶，右手拿起籩口上的一條肉乾，在醢裏沾了一下，擺到籩豆下邊的中間——祭。又用柶扱出觶中的醴，先祭一次，又扱一柶，連祭二次，一共三次，都是倒在籩豆中間的地上。然後客人從筵的西頭下來，走回西階上，臉朝北坐下，用柶扱出一點醴，稍微嚐了一下——啐，便把柶插回觶裏，就站了起來，隨着又坐下，把觶擺在地下，遂行拜禮，主人在阼階上也向北面行拜禮來回敬。客人又回到筵前，從西頭上筵，把觶擺到肉乾，肉醬——薦的左邊（東邊），便從筵的西頭下來，走到筵前，臉向北坐下，預備拿取籩裏的肉乾，主人在阼階上，看到客人要自己拿自己用過的肉乾，就連忙說：「不敢勞駕。」但客人還是用右手拿起籩裏的肉乾，站了起來，用左手奉着，從西階走下堂去，把肉乾交給了他的跟從的人，便出廟門去了。主人送他到大門外，向西拜了兩次。（客人當然如進門時，在門外西方朝東站着，接受拜禮。）

男家的使者用左手拿着肉乾，回到主人家裏，入廟後，在門的右邊（東邊），朝北站着，主人下堂，在院子當中向南站着。使者向主人說：「某（使者名）既然得到把事情辦完了，冒昧的照規矩來向您報告。」主人回答說：「我聽到女家的命令了。」

△納吉　按這是男家派人到女家，報告經過占卦的手續已經得到吉兆，婚姻的事已經可以決定了的禮。所行禮節與納采、請期相同，只是主人與客人之對話稍異而已。

納吉用鴈作爲贄見的禮物，禮節和納采一樣。

主人和使者在堂上的對話是這樣：「您（指女父兄）曾有允許把小姐芳名告訴某（壻父、兄名）的命令，某（壻父兄名）用卦來占卜過了，占卜的結果，卦上說：「好。」於是派某（使者名）來冒昧的向您（指女父兄）報告。」主人回答說：「某（女父、兄名）的女孩子，未曾受過好好的教導，恐怕不配作您（指婿父、兄）府上的媳婦，不過您（指婿父、兄）既然有了好的卦，就和某（女父、兄名）得到好卦一樣，某（女父、兄名）就不敢推辭了。」

△納徵　這個禮節相當於今天的訂婚。儀節的舉行與納吉、納采、請期大致相同，不同的地方我們把它一一標出如下：

訂婚（納徵）所用的禮物是一束玄色和淺絳色——纁的帛幣，兩張鹿皮。

㈠客人拿着帛幣，在堂上時，納采等禮節是授鴈，此則授幣。

㈡客人跟從的人分別拿着兩張摺疊好而毛向內的鹿皮，並將腿部的皮拿在手裏，鹿頭的皮向左，跟在客人的後邊。

㈢在門外客人與相禮的人有一段對話。——相禮的人問明客人來意後，客人向相禮的人說：「您（女父、兄）有很好的命令要賞給某（壻名）一個妻子，某（婿父、兄名）有先人遺留的規矩，用兩張鹿皮，一束帛幣，叫某（使者名）來向您（女父、兄）請求行『納徵』的禮。」

㈣拿鹿皮的人，跟着客人進去，站到院子當中，三分之一而稍南的地方。

㈤客人與主人在堂上的對話和拿皮的人的動作是這樣：客人傳達他主人的命令說：「某（客人名）冒昧的來向您（女父、兄）行『納徵』禮。」主人在阼階上朝北回拜了兩次以後，客人跟從的人，就在院子裏朝北站立的位置上，把靠着自己身子外邊的兩條鹿腿皮，從手上放下來，使有漂亮的毛文暴露在外，主人回答說：「您（婿父、兄）順從您（指婿父、兄）府上先人遺留的規矩，賞給某（女父、兄名）很厚重的禮物，某（女父、兄名）不敢推辭，那能不冒昧的接受您訂婚的命令。」這時女主人家的兩個人——士，從院子的東邊，分別走到男家隨從的左邊（西邊），臉朝着北，把鹿皮接過來，然後坐下，把牠疊好（也是皮毛向內），站起來以後，由第二個接皮的先走，第一個接皮的跟在後面，退回東方院牆內原來的位置。

△請期　這是男家派人到女家詢請訂定結婚日期的禮節，與納采、納吉所行的禮節相同。但是主人和客人的對話却不相同，而且增加了主人接過鴈以後，回到阼階上回答使者的一句話。

請期，用鴈作爲摯見的禮物，所行的禮節和納徵一樣。女家的主人和客人在堂上的對話是這樣的：客人說：「您（指女父、兄）允許了訂婚的命令，某（婿父、兄名）也已經屢次的（言納采至納吉也）接受您（女父、兄）的命令了。現在正是某（婿父、兄名）家三族的人，沒有憂患事情的時候，某（使者名）的主人（指婿父、兄）叫某（使者名）來請您（指女父、兄）訂一個舉行昏禮的日子。」主人對客人說：「某（女父、兄名）既然從前接受過您（指婿父、兄）的命令了，結婚的日期亦只有聽從您（指婿父、兄）的命令。」客人又說：「某（婿父、兄名）命令某（使者名）聽命于您（指女父、兄）。」主人辭謝說：「某（女父、兄名）絕對的聽從您（指婿父、兄）的命令。」使者說：「某（婿父、兄名）叫某（使者名）接受您（女父、兄）的命令（結婚日期的命令），您（指女父、兄）不答應，某（使者名）怎能不冒昧的把結婚的日期告訴您（指女父、兄）。」他接着說：「結婚的日期決定在某一天。」主人就接過鴈來，回到阼階上朝西拜了兩次，回答說：「某（女父、兄名）怎能不冒昧的恭敬的來等候着。」

## △將親迎，預陳饌

到了結婚的那一天傍晚，男家在寢門外的東南，設上三個竈，竈皆朝西，由北順序而南的排列。其中一個竈上的鑊裏，煮着一隻小猪，和一些切成小塊預備食用的肺和脊；以及切成小長條而當中還連帶着準備祭用的肺，第二個竈上煮着十四條鮒魚，第三個竈上煮着腊——一隻去了髀的新鮮的乾兎子。

排列了三個鼎在寢門外東方，竈的西邊。鼎的正面（鼎兩足的一面）都朝着北，其次序是由北而南。第一個鼎裏盛着一隻煮好的整個的小猪，它已經去了蹄子，分成了左右兩半，還有吃的肺和脊以及祭的肺兩個。第二個鼎裏，盛着鮒魚十四尾。第三個鼎，盛着腊（乾兎子），除了髀以外，整個的放在鼎內。

在鼎耳上，穿上抬鼎的木棍，在鼎口上，蓋上艸編的蓋子——鼏，蓋子的末端（草根的一頭）朝着北。

在寢門外，鼎的西邊，當着鼎的位置安放了三個俎，俎皆朝着北面。把匕反過來，擺在俎上，匕柄朝着東。

擺上盥洗用的盆——洗，在阼階下的東南方與堂屋頂角相當的位置。婦人用的洗擺在北堂，當着室的外墉東邊角上；盛放爵觶的竹筐子，擺在洗的東邊。

在房裏的西牆下邊擺上四個筵，四個席（筵、席都從末頭捲起）。

再把吃的東西預備好，擺在房裏西牆下，醋——醯和醬兩個豆、小菜和肉醬四個豆，共用一塊巾蓋起來。黍飯和稷飯，各用二敦盛着，敦上皆有蓋。這些東西，皆由北而南的擺着。煮肉的汁——太羹湆，在寢門外東邊的竈——爨上鑊裏燉着。一個甒尊，盛着酒，擺在室中的北牆下，尊底有座——「禁」墊着。另一個甒尊盛着新水——玄酒，擺在酒甒的西邊。都用「綌」——粗葛布製成的巾——冪蓋上，冪的上面，加上舀酒用的勺子，勺子的柄——枋都朝着南方。

擺上一個甒尊在堂上房戶的東邊，（以下文「篚在南」，則此尊當朝西。）甒旁不另設玄酒。一個竹筐子——篚設在尊的南邊（當朝西），裏面盛着四只酒杯——爵，和一個剖成兩半的葫蘆——巹。

## △親迎

主人——壻穿着「爵弁服」，淺絳色的裙子——「裳」，裳上縫着深黑色的邊——「袘」，圍着淺紅色——「韎」的蔽膝——「韐」，淺絳色帶青黑色鉤的鞋，跟隨的男人都穿戴着玄冠和玄端服，壻坐着墨車，後邊跟着兩輛車子。僕人手執着火把，在駕車的馬的前邊。準備迎接新娘的車子也是「墨車」，後面同樣跟着兩輛車子（預備新娘子的女從者乘坐的。）也有僕人，手執着火把，在駕車的馬的前邊。女子的車上都設有車帷——裧。這樣的一隊行列，就到了新娘子家的大門外。

主人（女父、兄）行過醴女的禮節以後，便爲他們祖先的神靈，在廟的堂上室戶的西邊擺設了筵，筵的上頭朝西，筵上右邊（西邊）擺上一個几子。

新娘子頭上戴上編好的假髮——「次」，穿上絲作的衣服——純衣，衣前繫上淺紅色的蔽膝——「袡」，臉朝着南，站在房子裏邊。

新娘子的保姆——「姆」，頭上包了一塊布——「纚」，插上簪子——「笄」，穿着「宵衣」，站在新娘子的右邊。

新娘子的女隨從，都穿着上下皆是黑色的衣服，頭上包着布，插着簪子，披着白色黑色相間——「黼」的外衣——「潁」，站在新娘子的後面。

主人（新娘子的父、兄）穿戴着玄冠和玄端服，去迎接賓——新郎，在自家的大門外，臉朝西，向客人——新郎拜了兩次。新郎則朝東向主人回拜（兩次）。

主人朝着新郎作了一個揖，往大門裏進去，新郎手裏捧着一隻活的鴈（頭向左），跟在主人後面，到了廟門，兩個人又互相作一個揖，便進入廟門，主人進門向東，新郎進門向西，在院子裏有三個拐彎的甬道上往北走，每遇着拐彎，就朝北作一個揖。當碑的部位又作一個揖。共作了三個揖，就到了台階下邊了，他們互相讓着對方先上台階，讓了三次，主人便從東邊台階領導着先上，新郎從西邊台階跟着後上。主人上堂後在阼階上，朝西面站着；新郎上去，面朝着北，坐下把鴈擺在地上，拜了兩次，叩了一個頭——再拜稽首。

這時新娘的母親，在房外南面站着，新娘子的庶母（父親的姨太太）站在新娘子母親的後面，新娘子從房裏出來，從她母親的左邊，走到阼階上父親的面前，他父親臉朝西，告誡她說：「小心呀！恭敬呀！時時刻刻的謹慎，不要違背妳公公婆婆的命令呀！」並且給她一件東西，作爲告誡的證物，叫她看見這東西，就會想起父親的告誡來。（這件東西，或是衣服，或是簪子。）

新娘子又走到西階上，她母親也從房戶的西方走到西階上，臉朝南而立，新娘臉朝北站在母親的前面，她母親在她腰間的左邊加上一條小帶子——「衿」，再結上佩巾——「帨」。然後告誡她說：「勉勵呀！恭敬呀！時時刻刻的謹慎，不要違背了妳公公婆婆命令妳做的家中的事情呀！」之後，母親便站在西階上（不下堂相送）。

新郎在新娘接受過母親的告誡後，便從西階下堂去，新娘子則在後面跟着，也是從西階下堂。

新娘子的父親只站在阼階上並不下堂送她。

新娘子的庶母，則送她到靠廟門的裏邊，庶母面朝着東，新娘子則臉朝西，庶母把一個小絲囊——「鞶」，掛到她的右邊衿帶上，把她父母的命令再重述一遍，命令她說：「妳要恭敬的，聽從和尊重妳父母的話，時時刻刻不要有錯處！妳要常看看這小帶子和小囊呀！」（意思是說：你看見這東西，就如同聽到你父母的訓示一樣。）

新娘子就出了廟門，新郎首先把拉着上車的帶子——「綏」，遞到新娘子的面前，新娘子的保姆，立刻辭謝說，她還沒有好好受過教育，不配和她行禮，不敢接受這根帶子。這時車廂的下面已預備了一個几，由隨從的兩個人，坐在地上相對的扶持着。新娘子就踏着它，牽着保姆替她拿着的綏登上了車子。

上車以後保姆便把外套——景，披到新娘子身上。

於是，新郎便趕着車子開始往前走。車輪子轉了三週，趕車的人就接過來，代替新郎駕車。新郎便搭乘他自己的車子先走了，因爲他還要先到自己的家門外邊等候新娘子。

## △婦至成禮

新娘子到了新郎家的大門，下了車，主人——新郎向東朝着新娘子作了一個揖，便領她進去。到了寢門的時候，新郎又向新娘作一個揖，再領她進去。這時相禮的人把室裏北牆下甒尊的蓋子撤走，把新水——玄酒倒到酒裏三次，賸下的水則倒到堂下兩階的中間。然後把冪上原來擺着的勺子放到甒裏去，勺子的柄仍然是朝着南面。一對新人進了寢門後，新郎便引導着新娘子從西階上堂。

新娘子的陪嫁的女孩子——媵，把席子鋪在室中的西南角上——「奧」。

新郎進入室中，就站到席子上去。

新娘進入室中，朝南站在北牆下甒尊的西邊。

新娘子的陪嫁的女孩子——媵，和男家的女孩子——御，分別到阼階下東南邊和北堂上室外的東牆角的地方，把罍水爵在洗中，端到室裏來，陪嫁的媵侍候新郎洗手，男家的御侍候新娘洗手。媵和御無事的時候就在北堂朝東站着，而地位較高的站在北位。

相禮的人（原在房裏朝南，依次而東站着），把房戶外蓋在酒尊上的纚葛布拿下來。把勺子放進尊裏，勺柄仍然是朝南。

抬鼎的人穿戴着玄冠玄端服（原先在堂下的西邊臉朝東，順序由北而南的站着）。這時候便往阼階下東南方的洗裏，依次洗過手，到廟門外，把鼎上的鼏蓋子拿起，放在鼎的北邊，然後把鼎抬起來，進了廟門，擺在阼階下的南邊（在洗的西邊），鼎皆朝西而設，由北以次向南的陳列着。右邊抬鼎的人，便把鼎耳上的扃抽出來，擺在鼎的北邊。

豚肉、魚、腊用的匕和盛肉、魚、腊的俎，也由拿它的人跟着抬鼎的人進來。把俎擺在鼎的西邊，朝北而放。

拿匕的人先把匕擺在鼎裏，匕柄朝東。然後臉朝西方把匕拿起來，拿俎的人則臉朝北面，拿匕的人把肉的左右胖和肺脊從鼎中用匕拿出來，盛到同一個俎上，兩塊小豬的肉分別擺在俎的兩端，肺脊放在當中。把魚的頭朝右，肚子朝後，順着東西面擺到俎上。又把整個的乾兎子橫放到俎上，擺設的時候，下半身的方向朝着吃食者的一方。

盛炙肝的俎，順着東西方向，朝北擺在寢門內的東塾裏；兩個肝直着的擺在俎的上頭，肝的右邊（東邊）放有鹽。

拿俎的人拿着俎，由北而南的順序站在阼階南，朝北等候着。

執匕的三人，由最後的一個，倒逆着進來的次序，退到寢門的東邊，站在原先朝北，由西順序而東的位置。

相禮的人從房裏把醬端出來，坐下把它擺在室裏西南角的席子前面，把小菜和肉醬擺在它的北邊。這時拿俎的人，從阼階下拿着俎走到西階下，魚貫地從西階升堂，把俎交給相禮的人拿進室內，把它擺在豆的東邊。盛小豬及肺脊的俎靠豆最近，再往東擺上盛魚的俎。盛有煮好的兎肉乾的俎，擺在這兩個俎（小猪、魚）的北邊。

相禮的人，由房裏西牆下邊，把一敦黍飯拿出來，坐下把它擺到醬的東邊；一敦稷飯，擺在黍飯的東邊。一個盛着還沒有調好的肉湯（太羹湇）的瓦豆——鐙，執事的人從寢門外東邊的竈上，把它拿到堂上室中，由相禮的人坐下將太羹湇擺在醬的南邊。

相禮的人在這些食物的對面，同樣擺設一個盛着醬的豆，盛着小菜和肉醬的豆，依次擺在醬的南邊，小菜靠北，肉醬在南。再擺上一敦黍飯在煮好的兎肉乾俎的北邊。又在黍飯的西邊，擺上一敦稷飯。執事的人復從寢門外東邊的竈上，把盛着太羹湇的鐙，捧來交給相禮的人擺在醬的北邊。

男家的女御，在新郎的席子對面鋪上新娘的席子。

相禮的人，把新郎席前盛黍稷的兩個敦的蓋——會打開，朝上仰着，分別擺在黍稷的南邊。新娘席前對着新郎的兩個盛黍稷的敦蓋也被揭開，亦是朝上仰着來放，分別擺在黍稷的北邊。

相禮的人在室中朝西向新郎報告一切已經齊備了。

新郎便在室中西南角的席子上(面向東的位置)轉向朝北，對着在北墉下臉朝南站着的新娘子，作了一個揖，請她到他對面朝西的席子上來。於是他（她）倆就一個朝東，一個朝西的面對着坐下。他（她）倆又同時舉行祭禮，都用右手，拿起小菜，沾了一下肉醬，抓出黍飯，和拿起俎上的祭肺，分別祭到兩豆的中間地上。

相禮的人，一個對着新郎，坐到他的饌南朝西，另一對着新娘坐到她的饌北朝東。分別把黍飯，從席前端到新郎新娘的席子上的右邊，把豕俎上擺着預備吃的肺和脊，遞給新郎和新娘，他(她)們都用右手接過來，交到左手拿着，又都用右手抓飯來吃，用手指咂醬，把鐙拿起靠到口邊來喝肉湯。吃喝完了後，都用右手撕下左手拿着的肺尖兒和脊肉，祭到兩豆的中間地上。再把左手裏的肺和脊咬食。又抓着吃了三次飯，吃食的禮節就算完了。新郎新娘把吃剩的肺和脊遞給相禮的人，擱回俎上去，相禮的人又把盛黍飯的敦，搬回原位。

之後相禮的人，在房戶外邊竹筐子裏拿了爵，到阼階下東南方的洗裏洗淨，又回到室裏北牆下的甒裏酌了酒，端到席前朝西，請新郎來嗽口——酳，新郎朝東作拜後，便把爵接了過來，相禮的人，走到室戶內，也朝北向新郎作一拜的答禮。

相禮的人同樣來向新娘子行嗽口的禮節(不過新娘子拜時却是朝南)。新郎和新娘，在未嗽口以前，同都用酒倒在地上，來行祭禮。

另一位相禮的人，拿着盛肝的俎，從西階上堂，進入室內，跟在酳新郎、新娘的相禮的人後面，他(她)倆都用右手拿起肝來在俎上沾了一下鹽，抖擻一下，算是舉行祭禮；又把肝都嚐了一下，同都擺到盛小菜的豆裏。(這位相禮的人，就拿着空的肝俎下堂，回到東塾上去。)

這時新郎，新娘都把酒喝乾了，便分別朝東，朝南來拜相禮的人，相禮的人也同在戶內北面回拜，再進到席前，接過爵來，放回房外的篚裏。

相禮的人，又向新郎、新娘行第二次的酳禮，禮節和第一次一樣，只是沒有用肝俎來陪酒。相禮的人，又向新郎，新娘行第三次的酳禮，但這次却不用爵，而是用巹來盛酒。也是和第二次一樣，沒有肝俎的。

相禮的人，又到房戶外邊的篚裏取了爵，到阼階下的洗裏洗淨，回到房戶外邊的尊裏，酌了酒，進入室戶，臉朝着西北，把爵擺到地上，行一拜的禮節。新郎（東面）新娘（南面）同時來回拜。相禮的人，就在原位，坐下用酒來行祭禮，祭畢，便把爵裏的酒喝乾，又行拜禮。新郎新娘亦同時回拜。相禮的人，和新郎新娘都站起來。相禮的人，便把爵放回戶外篚裏。

新郎便出室往房裏去。新娘則回到北牆下甒尊西邊朝南的位置。

相禮的人跪在席前，把新郎新娘席前的菜、肉和飯等撤到房內。它的擺設方式，如同在室裏一樣。不過，室裏北牆下的尊，却不撤到房裏來。

新郎在房裏把衣服脫下，新娘陪嫁的女孩子——媵將衣服接過去。同時新娘也在室裏把衣服脫下，而由男家的女孩子——御接過去。保姆便把一塊布巾交給了新娘子。

男家的女御，把新娘子睡覺的席子（衽）鋪在室裏的東南角上；新娘子陪嫁的媵，鋪上新郎睡覺的席子，在新娘睡覺的席子的東邊。兩席的上面都擺有枕頭。脚的方向朝着北。

新郎進入室裏，行至新娘子的前面，親自脫下了新娘脖子上的飾物——纓。

執燭的人，便從室裏退出。

新娘子陪嫁的媵，這時就在房裏西牆下邊，坐在朝東的席子上吃新郎賸下的東西——餕。男家的女御則在朝西的席子上吃新娘賸下的東西。相禮的人，到房戶東邊的篚裏，取了爵；在篚北的尊裏，盛了酒來到房裏的席前，分別請新娘子的陪嫁的媵，和男家的女御嗽口，她們都分別朝東、朝南拜了，接過爵來。相禮的人，在房戶內，面朝北來回拜。她們用酒來行祭禮，又把爵裏的酒喝完，便行拜禮（面向同上），相禮的人跟着回拜（面向同上），然後到席前把爵接過來，放回房戶外東邊的篚裏。新娘子的陪嫁的媵，在室戶的外邊侍候着。如果室內的新郎、新娘有事呼喚的時候，馬上就可以聽到。

## △婦見舅姑

第二天的早晨起來，新娘子沐浴之後，用布包着頭，插上簪子，穿上「宵衣」。準備去謁見公公（舅）和婆婆（姑）。

天剛亮的時候，相禮的人，引導着新娘，來到公公，婆婆住的院子裏，行晉見舅姑的禮節。這時候在阼階上已鋪上了席子，公公穿戴着玄冠，玄端服，在席上朝西站着。又鋪上席子在房外戶的西邊（朝南），婆婆包着頭巾，插着簪子，穿着「宵衣」在席上朝南站着。

新娘子拿着竹盤子——笲，裏面盛着棗子和栗子，從公公、婆婆的院子的寢門進去，自西階上堂，走到阼階上公公的席前，臉朝東行拜禮，然後上前一步，坐下，把竹盤子擺到席上。公公坐下來，用手安撫了它一下，就站起來，向媳婦回拜。新娘又回到原來拜的位置，朝東又拜一次。這時宰便把竹盤子撤走，放到橋上。

新娘子從西階下堂，從侍候在西階下的女隨從手裏接過盛着捶過有薑、桂，且經煮過的肉乾——腶脩——的竹盤子，再由西階上堂去；這次是走到婆婆的席前，朝北面行了拜禮，坐下，把竹盤子擺到席子上。婆婆坐下，把笲端起，便站了起來，向媳婦行了拜禮，才把竹盤子交給有司放置。

## △贊醴婦

相禮的人，在舅姑的宮裏（張爾岐說）用醴來向新娘子行「醴婦」的禮節。

相禮的人從房中把席子拿出來，鋪在堂上室戶和室窗的中間。在房中西牆下邊，擺上一個盛着醴酒的甒尊，用筐盛着觶，擺在甒的北邊。一個盛肉乾的籩和一個盛肉醬的豆，擺在筐的北邊，它們都由南向北的陳列着。

新娘子很矜持端莊的，朝南站在席子的西頭。相禮的人到房裏用觶舀了醴，把柶擺在觶口的上邊，柶柄朝着前方；出了房戶，走到席前，臉朝着北。新娘子臉朝東，拜了一次，把觶接過來，相禮的人，回身走到西階上，臉朝着北面行拜送之禮。新娘子則轉臉朝南回拜。

相禮的人，又從房裏西牆下，把盛肉乾的籩和盛肉醬的豆端出來，由西向東的擺在席子的前面。

新娘子從席子的西頭上了筵，朝南坐下，左手拿着觶，右手把籩上的肉乾往豆裏的肉醬裏沾了一下，祭到籩豆之間的地上。又用觶上擱着的柶，舀出醴來行祭禮，第一次扱一次祭一次；第二次扱一次祭兩次，總共祭了三次。

新娘子便從席的西頭下了席，臉朝東坐下，用柶來嚐了一下醴，便把柶插回觶裏去，站起來，朝東行拜禮。相禮的人，在西階上，朝北答拜。新娘子又朝東一拜，拜畢，便回到席子上去，臉朝南，坐下，把觶擺在肉乾、肉醬的東邊。又從席子上下來，在席前朝北坐下，取了籩上一條肉乾，站起來，便從西階下堂，走出了公公婆婆的院子的門，把肉乾交給了她家跟來的隨從。

## △婦饋舅姑

相禮的人向新娘子行完醴禮以後，公公婆婆就分別由阼階上和房戶外邊，走進室內。

新娘子往北洗洗了手，準備用小猪、小菜、肉醬、醬、肉汁和黍飯，來向公公、婆婆行「饋食」的禮節。食品的陳設和婦至成禮相類似。

在公公婆婆的寢門外東南邊，朝着西方，設了一個竈，竈上的鑊裏煮着一個整體的小猪，還有祭的肺和吃的肺、脊。

把煮好的小猪整個的分成左右胖，去了蹄子，和祭肺、吃的肺、脊，同盛在一個鼎裏，擺在門的外頭東邊（竈的西邊），鼎的正面朝着北，在鼎耳上，穿上抬鼎的木棍；在鼎口上，蓋上用茅草編的蓋子。

沒有魚和乾兔肉。也沒有稷飯。

匕和俎，擺在門外鼎的西邊；正面朝北，匕反過來，匕柄朝東，擺在俎上。

在堂上室外的東牆角上，擺上一個盥洗用的洗；又擺上一個竹筐子在洗的東邊，裏邊裝有兩個爵。

把吃的東西，擺在房裏邊的西牆下邊。盛着小菜和肉醬的四個豆，都用巾蓋起來；又有黍飯兩敦，敦上都加上了蓋。這些東西是從北而南，以南爲上的擺着。

在門外東邊的竈上鑊裏，煮着肉湯。

在室裏的北牆下邊，擺上一個甒尊，甒下有座托着，又有一個盛滿玄酒的甒尊，擺在盛醴甒尊的西邊。都用粗葛布作的布蓋着。巾上加上舀酒的勺子，勺子的柄都朝着南方。在房戶的東邊，再擺上一個尊，尊旁不再加設玄酒。擺上一個竹筐子在尊的南邊，裏面盛有爵。

新娘子陪嫁的人由房裏拿出席子來，鋪在室裏的東南角上。

新娘子把蓋在酒尊上的巾拿掉。

舉鼎的人，由西階下朝南的位置，走到在阼階下東南邊的洗，洗淨了手，到門外把鼎上的草蓋子拿開，抬着鼎走進寢門，擺在阼階的南邊，鼎的正面朝着西方。

兩個匕和兩個俎，也由拿它們的人端着跟進來，擺在鼎的西邊，朝北而設。

拿俎的人，臉朝着北，拿匕的人臉朝着西。由拿匕的人把小猪分成左右兩胖，分別盛到兩個俎上——側載，它們都由北而南的朝北擺着。

拿俎的人把俎端起，朝北等候着。

拿匕的人，便退回寢門東邊，原來朝北的位置。

新娘子從房裏，把醬拿出來，坐下把它擺在室內西南角的席前，把小菜和肉醬，擺在它的北邊。

這時，拿俎的人，從阼階下端着俎走到西階下，由西階升堂，把俎交給新娘子拿進室內，跪下把它擺在豆的東邊。

新娘子從房裏把一敦黍飯拿出來，坐下，把它擺到醬的東邊。

執事的人從門外東邊的竈上，把盛着沒有調和的肉汁的瓦豆拿了上堂。

新娘子坐着把鐙擺在醬的南邊。

新娘子幫助公公婆婆來行祭禮。公公婆婆坐下，新娘子在饌南臉朝西。替他們倆拿了小菜，在肉醬裏沾了一下，祭到籩豆間地下；又把黍飯，和俎上的肺，拿來祭到籩豆的中間地上。

新娘子又把俎上預備吃的肺和脊，交給公公、婆婆，他們都用右手接過來，遞到左手，又把黍飯端到席子上擺到右邊，他們都用右手抓飯來吃。然後把肉湯分別遞給他們，他們也是用右手接過來，把鐙靠到口邊來喝肉湯，又用手指咂醬來吃，吃喝完了，交由新娘子擺回席前的原位。接着便用右手拿下肺尖兒和脊肉，祭到兩豆之間的地上，復把左手拿着的肺和脊咬食，然後將賸下的肺脊交給新娘子擱回俎上去，他們共吃了三次飯，就算吃完了。於是新娘子便把席上的敦，擺回原位去。

新娘子在戶外的竹筐子裏取了爵，到北堂的洗裏朝北洗淨，然後到室裏北牆下的甒裏舀了酒。回到席前，臉朝着西，請公公來漱一次口，但却不以肝俎陪送。公公朝東作拜，接過爵來，新娘子便朝西行拜送爵的禮。公公坐下朝東，把酒祭到地上。喝完了爵裏的酒，又行拜禮，新娘子也行回拜的禮。新娘子接過公公的爵，便將它擱回戶外的竹筐子——篚裏。

新娘子又到北堂的篚裏取了爵，在北堂的洗（朝北）洗淨，然後到室裏北牆下的甒裏舀了酒，回到席前，臉朝着西，請婆婆來嗽一次口，也是沒有肝俎陪從的。婆婆朝東作拜，把爵接了過來，新娘子乃朝西行拜送爵的禮。婆婆坐下朝東，把酒祭到地上。喝完了爵裏的酒，又行拜禮。新娘子接過婆婆的爵，便把它擱回北堂的篚裏。

酳酒禮過後，便在室裏北牆下，鋪上席子。

新娘子跪下撤去公公婆婆席前擺設的酒食，搬到北牆下，席子的前面，陳設的方式和在公公婆婆席前時一樣，由西而東順序的擺着。

新娘子到席上朝南坐下、將要吃食公公賸下來的東西。公公向新娘子辭謝說：「把醬換一換吧！」

新娘子於是吃婆婆賸下來的東西。男家作相禮的女孩子，幫助她來行祭禮；把豆裏的小菜交給她。她用右手接過來，祭到籩豆中間的地下。又把黍飯，從席前擺到席子上邊右邊。然後把俎上的預備吃的肺和脊遞給她，她用右手拿過，交由左手拿着，又把肉湯和醬端給她，她分別接過來，把鐙拿起靠到口邊來喝肉湯，又用手咂醬來吃，吃喝完了，把鐙豆交還相禮的人，擺囘席前的原位。新娘又用右手撕下肺尖兒和脊肉，祭到兩豆之間的地上。再咬食左手拿着的肺和脊。接着便用手抓飯來吃，然後把賸下來的肺脊，交給相禮的人，擱囘俎上去。相禮的人，又把敦搬囘原位。新娘子吃完了，她的婆婆，到北堂筐裏取了爵，在北墉下舀了酒，到席前北面來請她漱口。新娘子站起來，朝南來行拜禮。婆婆到戶西面向北站着，行拜送酒的禮節。新娘子便坐下來，祭酒，又把酒喝完了，婆婆到席前坐下把爵接過來，擺囘北堂的筐裏去。

新娘子把她吃過了的婆婆和公公的賸餘的酒食，由室內撤到房裏去。擺到北牆下席子的前面，和剛才在室裏北牆下的擺法一樣。新娘子陪嫁的媵和男家的御都來吃這些東西。她的婆婆在北堂的筐裏拿了爵，到室內的甒尊舀了酒，請她們行漱口的禮。新娘子的陪嫁的人裏面，就算沒有她的妹妹——娣，也是新娘子的陪嫁的女人先來漱口。

他們吃的時候，和吃用新郎、新娘賸餘的酒食的時候一樣，新娘子的陪嫁女子（媵）吃用新娘子公公所賸餘的，男家的女御吃用新娘子婆婆所賸餘的。就是這樣的交換着吃。

× × × ×

以下還有舅姑饗婦，舅姑饗送者和廟見三段儀節，但是因爲經文太簡單，我們沒有材料的根據，所以白話的翻譯也就從略了。

# 三、儀禮士昏禮經、記編纂

## 凡例

一、本文是根據儀禮鄭注句讀爲底本，參以禮記、禮經釋例、儀禮正義和朱子儀禮經傳通解等，把記文依照經文的內容，編纂其間，使成一連貫性的篇章，方便於學者查檢。

二、凡屬記文的，爲求分別清楚，統於另行書寫，而於句首加以『△』符號。

三、凡經文中有省文的均照應屬經文補上，而以『（ ）』號予以分別。

四、凡非屬經文補省，又非記文，但爲求全篇脈絡的連貫，或有些地方必需提點的，便另外附以文字來說明，而均以『〔 〕』號表示。

五、凡以他書增補者則於文後注明出處。

六、本文編纂雖力求詳密，但是因爲少數記文與經文無从連繫，有些地方便顯得勉強，這是希望賢達之士有所指正和原諒的。

△士昏禮，凡行事必用昏昕，受諸禰廟。

△宗子無父，母命之。親皆沒，己躬命之。支子則稱其宗。弟則稱其兄。

## 納采

昏禮，下達。

△〔凡〕辭無不腆，無辱。

納采，用鴈。

△摯不用死。

主人筵于戶西，西上，右几。使者玄端至〔大門外〕，擯者出請事。

△昏辭曰：「吾子有惠，貺室某也，某有先人之禮，使某也請納采。」

△對曰：「某之子惷愚，又弗能教，吾子命之，某不敢辭。」入告。主人如賓服，迎于門外，再拜，賓不答拜，揖入。至于廟門，揖入。三揖，至于階，三讓。主人以賓升，西面，賓升西階，當阿，東面致命。

△致命曰：「敢納采。」

主人阼階上北面再拜，授于楹間，南面。（主人受鴈，還，西面對：「某之子惷愚，又弗能教，吾子命之，某不敢辭。」）〔鄭氏謂當有對辭也，且當與擯出納賓之辭不異，今依問名節及鄭意補之〕賓降，出，主人降，授老鴈。

## 問名

擯者出請，賓執鴈，請問名。主人許。賓入授，如初禮。（主人如賓服，迎于門外，再拜，賓不答拜，揖入。至于廟門，揖入，三揖，至于階，三讓，主人以賓升，西面，賓升西階，當阿，東面致命。）

△問名曰：「某既受命，將加諸卜，敢請女為誰氏。」（主人阼階上北面，再拜，授于楹間，南面。）

△主人受鴈，還，（阼階上）西面對。

△對曰：「吾子有命，且以備數而擇之，某不敢辭。」

△賓受命，乃降。

## 禮使者

擯者出請，賓告事畢，入告，出請醴賓。

△曰，子為事故，至於某之室，某有先人之禮，請醴從者。

△對曰：「某既得將事矣，敢辭。」

△「先人之禮，敢固以請。」

△「某辭不得命，敢不從也。」

賓禮辭。許。主人徹几。改筵，東上。側尊甒醴于房中。主人迎賓于廟門外，揖讓如初。（揖入，三揖，至于階，三讓，主人以賓升。）升，主人北面再拜，賓西階上北面答拜。主人拂几授校，拜送，賓以几辟，北面設于坐，左之。西階上答拜。贊者酌醴，加角柶，面葉，出于房，主人受醴，面枋，筵前西北面，賓拜受醴，復位，主人阼階上拜送。贊者薦脯醢，賓卽筵坐，左執觶，祭脯醢，以柶祭醴三。

△祭醴，始扱壹祭，又扱再祭。

西階上北面坐啐醴，建柶興，坐奠觶，遂拜，主人答拜，賓卽筵，奠于薦左，降筵，北面坐取脯，主人辭。

△賓右取脯，左奉之。

賓降，授人脯。出。主人送于門外，再拜。

△乃歸，執以反命。

△凡使者歸，反命，曰：「某既得將事矣，取以禮告。」主人曰：「聞命矣。」

## 納吉

納吉，用鴈，如納采禮。（主人如賓服，迎于門外，再拜，賓不答拜，揖入，至于廟門，揖入，三揖，至于階，三讓，主人以賓升，賓升西階，當阿，東面致命。）

△曰：「吾子有貺命，某加諸卜，占曰吉，使某也敢告。」

△對曰：「某之子不教，唯恐弗堪，子有吉，我與在，某不敢辭。」

## 納徵

納徵，玄纁束帛，儷皮，如納吉禮。（使者玄端至，擯者出請事。）

△納徵曰：「吾子有嘉命，貺室某也，某有先人之禮，儷皮束帛，使某也請納徵。」

（入告，主人如賓服，迎于門外，再拜，賓不答拜，揖入。）〔賓執束帛入〕

△執皮，攝之內文，兼執足，左首隨入。

（至于廟門，揖入）

△〔從者〕西上，參分庭一，在南。

（〔主賓〕三揖，至于階，三讓。主人以賓升，西面，賓升西階，當阿致命。）

△賓致命。

△致命曰：「某敢納徵。」

△〔堂下執皮〕釋外足，見文。主人受幣，〔于楹間，南面〕（還，西面對。）

△對曰：「吾子順先典，貺某重禮，某不敢辭，敢不承命。」

△士受皮者，自東出於後，自左受，遂坐攝皮，逆退，適東壁。

納徵後記筓，及教女之事

△女子許嫁，笄而醴之，稱字。祖廟未毀，教于公宮三月。若祖廟已毀，則教于宗室。

## 請　期

請期，用鴈。主人辭，賓許，告期，如納徵禮。（主人如賓服，迎于門外，再拜，賓不答拜，揖入，至于廟門，揖入，三揖，至于階，三讓，主人以賓升，賓升西階，當阿致命。）

△請期曰：「吾子有賜命，某既申受命矣，惟是三族之不虞，使某也請吉日。」

△對曰：「某既前受命矣，唯命是聽。」

△曰：「某命某聽命于吾子。」

△對曰：「某固唯命是聽。」

△使者曰：「某使某受命，吾子不許，某敢不告期。」曰：「某日。」

△對曰：「某敢不敬須。」

## 將親迎，預陳饌

期，初昏，陳三鼎于寢門外，東方，北面，北上，其實特豚，合升，去蹄，舉肺脊二，祭肺二。魚十有四，腊一肫，髀不升，皆飪，設扃鼏。

△腊必用鮮，魚用鮒，必殽全。

設洗于阼階東南。饌于房中，醯醬二豆，葅醢四豆，兼巾之。黍稷四敦，皆蓋。大羹涪在爨。

尊于室中北墉下，有禁，玄酒在西，綌冪，加勺，皆南枋。尊于房戶之東，無玄酒。篚在南，實四爵合巹。

## 父醮子辭

△父醮子，命之。辭曰：「往迎爾相，承我宗事，勗帥以敬，先妣之嗣，若則有常。」

△子曰：「諾，唯恐弗堪，不敢忘命。」

## 親迎

△父禮女而俟迎者，母南面于房外。

主人〔壻〕爵弁纁裳緇袘。從者畢玄端。乘墨車，從車二乘，執燭前馬。婦車亦如之，有裧，至于門外。

主人〔女家〕筵于戶西，西上，右几。

△賓至，擯者請。對曰：「吾子命某，以茲初昏，使某將，請承命。」

△對曰：「某固敬具以須。」

女次，純衣纁袡，立于房中，南面。姆纚笄宵衣，在其右，女從者畢袗玄，纚笄，被穎黼，在其後。

〔女家〕主人玄端，迎于〔大〕門外，西面，再拜，賓〔壻〕東面答拜。主人揖入，賓執鴈從。

至于廟門，揖入。三揖，至于階，三讓。主人升，西面。賓升，北面。奠鴈，再拜稽首。

△女出于母左，父西面戒之，必有正焉，若衣，若笄。

△父送女，命之曰：「戒之敬之，夙夜毋違命。」

△母施衿，結帨。

△〔母戒之西階上。〕曰：「勉之，敬之，夙夜毋違宮事。」

〔壻〕降，出，婦從，降自西階。主人不降送。〔母亦不降送。〕

△庶母及門內，施鞶，申之以父母之命。

△命之曰：「敬恭聽。宗爾父母之言，夙夜無愆，視諸衿鞶。」

壻御婦車，授綏，姆辭不受。

△姆辭曰：未教，不足與爲禮也。

婦乘以几。

△从者二人坐持几相對。

姆如景，乃驅，〔輪三周〕，御者代。壻乘其車，先。俟于〔壻家大〕門外。

## 婦至成禮

婦至，主人揖婦以入，及寢門，揖入，升自西階。媵布席于奧，夫入于室，即席。婦尊西，南面。媵御沃盥交。贊者徹尊冪。

△酌玄酒三屬于尊，棄餘水于堂下階間，加勺。舉者盥，出。除鼏，舉鼎入，陳于阼階南，西面，北上。匕俎從設，北面載。執而俟。匕者逆退，復位于門東，北面，西上。贊者設醬于席前，菹醢在其北。俎入，設于豆東。魚次，腊特于俎北。贊設黍于醬東，稷在其東，設湆于醬南。設對醬于東，菹醢在其南，北上。設黍于腊北，其西稷，設湆于醬北。御布對席，贊啓會，卻于敦南，對敦于北。

贊告具，揖婦即對筵。皆坐，皆祭，祭薦、黍、稷、肺。贊爾黍，授肺脊，皆食，以湆醬；皆祭舉，食舉也。三飯，卒食。贊洗爵，酌酳主人，主人拜受，贊戶內北面答拜。酳婦亦如之，皆祭。贊以肝從，皆振祭，嚌肝，皆實于菹豆。卒爵，皆拜，贊答拜，受爵，再酳如初，無從。三酳用巹，亦如之。贊洗爵，酌于戶〔房戶〕外尊，入戶〔室戶〕，西北面奠爵，拜，皆答拜，坐祭，卒爵，拜，皆答拜，興。主人出。婦復位。

乃徹于房中，如設于室，尊否。主人說服于房，媵受。婦說服于室，御受。姆授巾。御衽于奧，媵衽良席在東。皆有枕，北止。主人入，親說婦之纓。燭出。媵餕主人之餘，御餕婦餘，贊酌外尊酳之。媵侍于戶外。呼則聞。

## 婦見舅姑

夙興，婦沐浴，纚笄宵衣以俟見。

質明，贊見婦于舅姑。席于阼，舅即席。席于房外，南面，姑即席。婦執笲棗栗，自門〔舅姑之寢門〕入。

△笲，緇被纁裏。

〔婦〕升自西階，進拜，奠于席，舅坐撫之。

△加于橋〔其加于橋，當宰爲之，蓋後有宰徹笲節〕。

興答拜。

△舅答拜，宰徹笲。

婦還，又拜。

降階，受笲腶脩。升，進，北面拜，奠于席。姑坐舉以興，拜，授人。

△婦見舅姑，兄弟姑姊妹皆立于堂下，西面北上。是見已，見諸父，各就其寢。〔依雜記補〕。

## 贊者醴婦

贊醴婦，席于戶牖間。

△婦席薦，饌于房。

側尊甒醴于房中。婦疑立于席西。贊者酌醴，加柶，面枋，出房，席前北面。婦東面拜受。贊西階上北面拜送。婦又拜。薦脯醢。婦升席，左執觶，右祭脯醢，以柶祭醴三。降席，東面坐啐醴，建柶興，拜，贊答拜，婦又拜，奠于薦東，北面坐取脯，降，出授人于門外。

## 婦饋舅姑

舅姑入于室，婦盥饋。特豚，合升，側載，無魚腊，無稷，並南上，其他如取女禮。

婦贊成祭，卒食，一酳，無從。席于北墉下。婦徹，設席前如初，西上。婦餕，舅辭易醬，婦餕姑之饌，御贊祭豆、黍、肺，舉肺、脊，乃食。卒。姑酳之，婦拜受，姑拜送。坐祭，卒爵。姑受，奠之。

婦徹于房中，媵御餕，姑酳之。雖無娣，媵先。於是與始飯之錯。

## 舅姑饗婦

舅姑共饗婦以一獻之禮。

△婦席薦，饌于房。饗婦，姑薦焉。

舅洗于南洗。

△〔婦〕不敢辭洗。舅降則辟于房，不敢拜洗。

〔舅〕（獻）

△婦洗在北堂，直室東隅，篚在東。北面盥。婦酢舅，更爵，自薦。

姑洗于北洗，奠酬。

△凡婦人相饗，無降。

舅姑先降自西階，婦降自阼階〔以著代也（昏義）〕，婦歸俎于婦氏人。

△庶婦，則使人醮之，婦不饋。

## 舅姑饗送者

舅饗送者以一獻之禮，酬以束錦。姑饗婦人送者，酬以束錦。若異邦，則贈丈夫送者以束錦。

△（祭行）——〔儀禮經傳通解列此為經一章〕。

△婦入三月，然後祭行。

## 舅姑沒，婦廟見及饗婦、饗送者之禮

若舅姑既沒，則婦入三月，乃奠菜。席于廟奧，東面，右几。席于北方，南面。祝盥，婦盥，于門外。婦執笲菜，祝帥婦以入。祝告，稱婦之姓曰：「某氏來婦，敢奠嘉菜于皇舅某子。」

婦拜，扱地，坐奠菜于几東席上，還，又〔扱地〕拜如初。

婦降堂，取笲菜，入，祝曰：「某氏來婦，敢告于皇姑某氏。」奠菜于席，如初禮。（婦拜，扱地，坐奠菜于几東席上，還，又拜如初。）

婦出，祝闔牖戶。老醴婦于房中，南面，如舅姑醴婦之禮。

壻饗婦送者丈夫婦人，如舅姑饗禮。

△（不親迎者見婦父母之禮）——〔此段全為記文〕

△若不親迎，則婦入三月，然後壻見〔外舅姑〕。

曰：「某以爲得外昏姻，請覿。」

主人對曰：「某以得爲外昏姻之數，某之子未得濯溉於祭祀，是以未敢見，今吾子辱，請吾子之就宮，某將走見。」

對曰：「某以非他故，不足以辱命，請終賜見。」

對曰：「某以得爲昏姻之故，不敢固辭，敢不從。」

主人出門左，西面。壻入門，東面。奠摯，再拜，出。擯者以摯出，請受。壻禮辭，許。受摯。入。主人再拜受〔摯〕，壻再拜送，出。見主婦〔外姑〕。主婦闔扉，立于其內。壻立于門外，東面。主婦一拜，壻答再拜，主婦又拜。壻出。主人請醴，及揖讓，入，醴以一獻之禮。主婦薦，奠酬，無幣。壻出。主人送，再拜。

# 四、儀禮士相見之禮儀節研究

## 凡例

（一）本文是根據武威漢簡作底本，參對張爾岐儀禮鄭注句讀，並引用注疏及他書爲經文作詮釋。

（二）簡本有字，而與句讀本異者，則以（　）號表之。

簡本無字，而句讀本有之者，則以「　」號表之。

簡本有字，而句讀本無之者，則以⊙號表之。

簡本因斷簡而無字者，則依漢簡原校本所補者補上，而以〔　〕號表之。

（三）各章節的分法，和各章前面的章題，都依句讀本，以便查檢。

（四）每一小節，如單用注疏或引書便可以說得明白的，便不再加案語。

（五）有關本篇成書時代的討論，置於文後附錄裏，備爲參考。

# 緒　說

我國古代的社會中，各階層的人物都很講究煩瑣的交際禮節，根據文獻的資料，可以說在西周、春秋、戰國這一大段時間裏面，已經正式的形成了風氣，禮節的繁縟也達到了極點；這在今天看來，很多都可以說是不必要的可笑舉動，但在他們來說，只不過有如我們見面時打招呼同樣的平常和自然罷了。當時彼此的初次見面，或隆重禮節的相見時，來賓都要按着自己的身份和來意，手執一定的見面禮物，舉行規定的相見儀式。禮記表記所謂：「無辭不相接也，無禮不相見也。」正可說明這種現象。怎樣以「禮」相見呢？鄭玄告訴我們，「禮，謂贄也。」見面時手執的禮物便叫做「摯」，一作「贄」，也叫「質」，這種贄也就依着各種人物身份的不同而有所分別。

當時用贄彼此相見的禮節，被廣泛地應用在各個社會的階層中，例如士在行冠禮之後，就要作爲「成人」，執贄往見國君、卿大夫和鄉先生。昏禮中各種禮節，凡彼此需要會見的，也有一定的贄見禮。如果士與士初次相見，也得先拿着贄以爲見面之禮，然後再行其他的見面儀節，這就是所謂「士相見禮」。士初次見大夫，大夫初次相見，士和大夫初次見國君，也分別有規定的見面之禮。如果卿大夫奉命去見鄰國國君，則稱爲「覜」或「聘」。諸侯見天子，則稱爲「覲」或「朝」。不論「覲禮」或「聘禮」，貴賓也都要執「贄」相見，而且對於尊卑的分別，更有嚴格的界線。但是我們也不能因爲它有固定的成規，便堅持着一成不變的立論，因爲「禮」固然是含有沿襲的保守性，但終究是人爲的，所以禮書上所載的儀節，如果有衝突或與正禮不合的地方，也許是在某地區，某時間之內，人們已有所改易，或因著者曾以己意加以整修，因此有時在文獻上，便往往有着參差不同的地方了。

以「贄」相見的儀節，好像只是爲了表示禮貌；其實他們所用贄的等別和授受儀式，都具體的表現了賓主之間的身份，以及他們之間的關係。

本文是就儀禮中的士相見禮一篇，把他們行禮的儀節加以簡單的說明和分析。至於以士相見禮來名篇，並不是全篇都記載士相見的儀節，內中包括有士與士相見，士見於大夫，大夫與大夫相見，臣見於君（庶人見君，士見君，大夫見君及外使見君。）諸相見之禮。

今本名曰「士相見禮」，可能是以開首言「士相見之禮」，故以名篇；然亦可能如大小戴本（據賈疏引鄭玄目錄），只名曰「相見」。故張爾岐儀禮鄭注句讀于「凡燕見于君」下云：『經本言士與士相見，遞推至見大夫，大夫與大夫相見，士大夫見君，見禮已備，此下博言圖事、進言、侍坐、侍食、退辭，稱謂諸儀法，殆類記文體例矣。』張氏所疑者，大概也因爲它包括士見士，臣見君諸儀的緣故。

# 士相見之禮

## 士相見之禮

鄭目錄云：「士以職位相親，始承贄相見之禮，雜記會葬禮曰，相見也，反哭而退，朋友，虞祔而退。士相見於五禮屬賓禮，大小戴及別錄皆第三。」

儀禮正義：「鄭云士以職位相親，始承贄相見之禮者，謂始仕爲士者，因職位相親而始行執摯相見之禮，是鄭專指有位之士而言也，然其實未仕之士，以道藝相親而相見，當亦有此禮。又此篇主言侯國之士，然亦兼天子之士在內，賈疏謂天子之孤卿大夫士，與諸侯之孤卿大夫士執贄既同，禮亦無別，是也。不云見而云相見者，據經，賓初以摯見主人，主人復還贄見賓，是迭爲賓主，故云相見也。王制六禮，相見居其一。」

張爾岐云：「據經初言士相見禮，次言士見於大夫，又次言大夫相見，又次言士大夫見於君，末及見尊長諸儀，皆自士相見推之，故以士相見名篇，目錄引雜記會葬禮原文，又有相趍也出宮而退，相揖也哀次而退，相問也既封而退。鄭引之者，明相見者，其恩誼較朋友爲疏，較相趍、相揖、相問者爲厚也。」

儀禮義疏云：「相見之法，惟敵者至備，若降等之客，則有見而不復見者矣，故篇首主士以備著其相見之法，至它禮的隆殺，則以是推之。」

案相見有特定的禮節，其需相見者，蓋「往而不來，非禮也；來而不往，亦非禮也。」（曲禮）於是爲了禮的緣故，他們彼此相見，主客往來，迭爲賓主。以下便是有關他們相見時所需具備的事物和程序的敘述。

## 墊（贄）

鄭注：「贄，所以執以至者，君子見於所尊敬，必執贄以將其厚意也。」

儀禮義疏餘論：「賈氏公彥曰，凡執贄之禮，惟新升爲臣及聘朝，及它國君來，王國之臣見之，皆執贄，常朝及餘會聚，皆無執贄之禮，又或平敵，或以卑見尊，皆用贄，尊無執贄見卑之法，檀弓云，哀公執贄見己臣周豐者，彼爲下賢，非正法也。」

又案云：「客有未仕之士，慕義相見，或此國之士而見彼國之士，亦當用贄，又君以下賢執贄，則卿大夫之下賢者亦宜然。」

案經典釋文云：「贄，本又作摯，」簡本作墊，隸變體也。關於贄，因各種身份的不同男女之別，所執亦異，故左傳莊公廿四年記載：周禮大宗伯云：

「秋，哀姜至，公使宗婦覿用幣，非禮也。禦孫曰，男贄，大者玉，小者禽鳥，以章物也，女贄不過榛栗棗修，以告虔也。今男女同贄，是無別也。」

「以玉作六瑞，以等邦國，王執鎮圭，公執桓圭，侯執信圭，伯執躬圭。以禽作六摯……卿執羔，大夫執鴈，士執雉，庶人執鶩，工商執鷄。」

這固然很清楚地給我們作了一個具體的記述。不過五等爵之說不見於西周文獻，只是形成於春秋後期，周禮「以玉作六瑞」之說，採用五等爵的劃分，該是春秋後期的制度，那麼六等臣分執六等摯，則更不用說了。

周禮射人：「其摯，三公執璧，孤執皮帛，卿執羔，大夫執鴈。」

曲禮下又云：「凡摯，天子鬯，諸侯圭，卿羔，大夫鴈，士雉，庶人之摯匹，童子委摯而退。……婦人之摯椇、榛、脯、脩、棗、栗。」

曲禮所說的天子執鬯與周禮所云「王執鎮圭」不同，鬯是一種用香草和秬黍釀成的香酒，鄭玄云：「天子無客禮，以鬯爲摯者，所以唯用告神爲至也。」其實，當時「鬯」不僅用於告神，也還用於招待貴賓的。

禮記禮器云：「諸侯相朝，灌用鬱鬯，無籩豆之薦。」

禮記郊特性又云：「諸侯爲賓，灌用鬱鬯，灌用臭也。」

這都是很好的證明，因此曲禮下所說天子以鬯爲摯，很可能是指招待貴賓而言的。曲禮下所說「庶人之摯匹，」也和周禮「庶人執鶩」之說不同，鄭玄云：「說者以匹爲鶩。」白虎通瑞贄篇也說：「匹、謂鶩也。」儘管上述禮書所說「贄」的品級，雖然略有出入，但大體上還是一致的，身份的不同，便用不同的贄，但是往往禮重的緣故，也可以使用較自己身份爲高的贄禮，以表示特別重視和尊敬的意思；如士昏禮中的「納采，用鴈。」便是一個好例子。

「贄」在贄見禮中，用來表示來賓的身份和地位；至於「贄」的授受儀式，卻是進一步用來表示賓主之間的關係。不僅如此，執贄的方法，授受的方式，受贄之後是否還贄，都足以表示出賓主之間的地位和關係。

儀禮覲禮：「侯氏裨冕釋幣于禰，乘墨車，載龍旂弧韣，乃朝以瑞玉，有繅……侯氏入門右，坐奠圭，再拜稽首。擯者謁，侯氏坐取圭，升致命，王受之玉，侯氏降，階東北面，再拜稽首。」

這是諸侯用玉來覲見天子。然諸侯相見亦有用玉的，左傳成公六年：

「鄭伯如晉，拜成，子游相，授玉於東楹之東，士貞伯曰，鄭伯其死乎，自棄也已，視流而行速，不安其位，宜不能久。」杜注：「禮，受玉兩楹之間，鄭伯行疾，故東過。」

鄭伯和晉君地位相當，按禮來說，授玉應該在兩楹之間的中心位置，但鄭伯行疾，致于東楹之東授玉，那是地位較次于主人的賓客授受位置，如

聘禮：「公側襲，受玉于中堂與東楹之間。」

又：「公用束帛……〔賓〕升，再拜稽首，受幣，當東楹，北面。」

又：〔賓〕振幣進授，當東楹，北面。」

公食大夫禮：「公受宰夫束帛，以侑，西鄉立……賓升，再拜稽首，受幣，當東楹，北面。」

注：「當東楹者，欲得君行一臣行二也。」

以上皆身份之相異，授受於東楹之證。淩氏釋例更據此釋云：「主是主國之君，賓是異國之臣，皆主尊賓卑，故授受於中堂之東，主在東，故賓趨東就之也。」又引李氏如圭曰：「禮

賓，賓覿，受幣皆當東楹，臣禮也。」

陶鴻慶左傳別疏亦有因鄭伯授玉事，引聘禮以證，曰：「賈疏云，兩楹之間爲賓主處中，今乃於東楹之閒更侵東半閒，故云君行一臣行二也。然則禮所云中堂與東楹之間者，其地卽東楹西，經主中堂言之，故不云東楹之西而云中堂與東楹之間耳。若兩君相朝，賓主同升，則當授玉於兩楹之間，故杜注云然。然鄭伯與晉侯同時升階，晉侯方在阼階上，鄭伯已行越東西兩楹之地，不應紆遽懸殊至此。竊疑春秋時政出霸主，以國勢之強弱，爲禮儀之隆殺，小國之君來朝，霸主必降等用大夫聘禮，授玉於中堂與東楹之間，今鄭伯深自貶抑，又復過之，斯失禮之中，又失禮焉。故士貞伯謂之自棄。不然，春秋失禮多矣，何於鄭伯決其將死，事因有推測可知者，此類是也。（沈欽韓左傳補註亦引聘禮文。而謂鄭伯以兩君相見而降同大夫聘禮，其志在過恭，士貞伯譏其行速，謂失其常度耳云云，今案大夫聘禮當在東楹之西，非東楹之東也，沈註未盡。）」

陶氏所論亦詳矣，總之，鄭伯授玉於東楹之東，就是降低了自己的地位和身份，因此士貞伯要說他「自棄」和「不安其位，宜不能久」了，會箋雖然爲他作「其實鄭伯降心于晉者深也」的解釋，但是，從士貞伯說得那麼嚴重看來，鄭伯的舉動確是「失禮」的。

曲禮下：「凡奉者當心，提者當帶，執天子之器則上衡，國君則平衡，大夫則綏之，士則提之。凡執主器，執輕如不克，執主器，操幣圭璧，則尚左手，行不舉足，車輪曳踵。」

論語鄉黨篇：「執圭，鞠躬如也，如不勝，上如揖，下如授，勃如戰色，足蹜蹜如有循。」

這些都足以說明，執贄之法，不但高低要有分寸，身體的姿勢、神色、腳步都要鄭重其事，合乎一定的規矩，否則，便會失諸於浮蔑。

左傳定公十五年：「邾隱公來朝，子貢觀焉。邾子執玉高，其容仰，公受玉卑，其容俯，子貢曰，以禮觀之，二君者皆有死亡焉。夫禮，死生存亡之體也，……今正月相朝而皆不度，心已亡矣，嘉事不體，何以能久？高仰，驕也；卑俯，替也；驕近亂，替近疾，君爲主，其先亡乎？」

從這又可看到諸侯之相見用玉，及其授受間禮節儀容的關係。

在贄見禮中，最足以表示雙方地位關係的，就是初見面時的送贄方式，如果賓主地位相當的，便親自授受，如本篇的士與士相見便是。若果是小輩見長輩，臣下拜見君主，就必須採用「奠贄」和「委質」的方式。「奠贄」，就是把贄陳放在地上，表示尊卑懸殊，不敢親自授受。「委質」，就是把贄交給主人之後，不再收還。兩者的分別，只不過是意義上有所差異而已。

士冠禮：「奠摯見於君。」

士昏禮親迎：「賓升，北面奠鴈，再拜稽首。」

又婦見舅姑：「婦執笲棗栗，自門入，升自西階。進拜，奠于席……降階，受笲腶脩，升，進，北面拜，奠于席。」

士相見禮：「士見於大夫……賓入，奠贄，再拜，主人答壹拜。」注：「奠摯，尊卑異不親授也。」

又始見於君：「士大夫則奠摯再拜稽首。」

聘禮：「賓卽館，卿大夫勞賓，賓不見，大夫奠鴈再拜，上介受，勞上介，亦如之。」

以上所引皆是卑者見於尊者，皆奠而不敢直接授與的。

曲禮下：「童子委贄而退。」

史記仲尼弟子列傳：「孔子設禮，稍誘子路，子路後儒服委質，因門人而請爲弟子。」

「童子委贄」，子路「請爲弟子」，所行的都是小輩見於長輩的「委質」禮。

左傳昭公元年：「鄭徐吾犯之妹美，公孫楚聘之矣，公孫黑又使強委禽焉。」杜注：「禽、鴈也，納采用鴈。」

所謂「委禽」，也就是「委質」了，女婿到女父家親迎是要委贄的，所以士昏禮親迎：「賓（婿）升，北面奠鴈，再拜稽首。降，出，婦從。」奠，卽委也。這都是因爲女父是尊長的緣故。「強委禽」也就是要強迫行迎娶之禮了。

這種委質的儀式，更重要的，是被運用在君臣關係的確立上，它和「策命」禮有着同等的重要性。而且「策名委質」是有其相連的密切關係。史記仲尼弟子列傳索隱引服虔注云：「古者始仕，先書其名於策，委死之質于君，然後爲臣，示必死節于其君也。」我們以文獻的記載可以相信這種儀式，在古代的確曾實行過的。

左傳僖公二十三年：「九月，晉惠公卒，懷公命無從亡人（重耳），期期而不至，無赦，狐突之子毛及偃從重耳在秦，弗召。冬，懷公執狐突曰，子來則免，對曰：『子之能仕，父教之忠，古之制也，策名委質，貳乃辟也，今臣之子，名在重耳有數年矣，若又召之，教之貳也……。』乃殺之。」

國語晉語九云：「中行穆子帥師伐狄，圍鼓……中行伯既克，以鼓子宛支來，令鼓人各復其所，非僚勿從，鼓子之臣曰夙沙釐，以其孥行，軍吏執之，……穆子召之，……對曰：『臣委質于狄之鼓，未委質於君之鼓也，臣聞之，委質爲臣，無有二心，委質而策死，古之法也，君有烈名，臣無叛質，敢卽私利，以煩司寇，而亂舊法，其若不虞何？』穆子嘆……。」

夙沙釐這段話可與上述狐突的話相互印證。可見見面以贄，最初是「致身」的意義；友朋之間，亦有「定交」之意義。本篇「臣見於君」一節的執贄見君，也應當就是相類於「委質而策死」的性質。

至於一般賓主之間行贄見禮，主人在受贄之後，是要還贄的。只有委質爲臣下，小輩見長輩等，尊長則受贄而不加退還。

冬用雉，夏用居（腒），左枑（頭）奉之

鄭注：「士贄用雉者，取其耿介，交有時，別有倫也。雉必用死者，爲其不可生服也，夏用腒，備腐臭也。左頭，頭陽也。」

周禮大宗伯：「以禽作六摯……卿執羔，大夫執鴈，士執雉，庶人執鶩，工商執鷄。」

曲禮：「執禽者左首。」

又：「凡奉者當心，提者當帶。」

儀禮註疏云：「案周禮（天官）庖人云，春行羔豚，夏行腒鱐，鄭云，腒，乾雉，鱐，乾魚，腒，鱐嘆熱而乾，乾則不腐臭，冬時雖死，形體不異，故存本名，稱曰雉，夏爲乾腒，形體異，故變本名稱曰腒也。」

案下經大夫相見節云：「下大夫相見，以鴈，飾之以布，維之以索，如執雉。」由「如執雉」一語可見奉雉腒的方法也是「飾之以布，維之以索」的了。至於鄭云：「雉必用死。」，則不知何據。

曰，某也願見，無由達，某子以命命某見

鄭注：「無由達，言久無因緣以自達也，某子，今所因緣之姓名也，以命者，稱述主人之意。」

儀禮鄭注句讀：「凡於尊曰見，敵而曰見，謙敬之辭，將見人，必先因所知以通誠意，主人許而後往，以其許見，故云某子以主人之命命之見也。」

主人對曰，某子以命命某見，吾子又（有）辱，請吾子之就家「也」，某將走見

鄭注：「有，又也。（案：簡本正作「又」。）某子命某往見，今吾子又自辱來，序其意也，走，謂往也，今文無走。」

句讀：「某子，亦所因者之姓名，以其前來通意，故主人自謙言其曾命某往見也。某者，主人

自名也。」

賓對曰，〔某〕不足以辱命，請終賜見

句讀云：「命，謂主人請就家之命。不足辱，不敢當也。」

主人對曰，某非（不）敢爲儀，「固」請吾子之就家「也」，某將走見

鄭注：「不敢爲儀，言不敢外貌爲威儀，忠誠欲往也；固，如故也，今文不爲非。（案：簡本正作非。）古文云，固以請。」

胡氏正義：「此賓再請而主人再辭也。」

賓對曰，某非（不）敢爲儀，固以請

案這一句的意思也就是說，我也不敢沾這份光榮，還是請予賜見吧！

主人對曰，某「也」固辭，不得命，將走見，聞吾子稱執（贄），敢辭摯（贄）

鄭注：「不得命者，不得見許之命也；走，猶出也；稱，舉也，辭其贄，爲其大崇也，古文曰，某將走見。」

正義：「此賓三請，主人許，出見之，而又辭其摯也。」

案賓客三請之後，主人乃準備出大門外迎接，但是又因來客執贄待見，主人謙不敢當其盛禮，所以又辭其摯。

義疏引敖繼公云：「許其見，復辭其贄，賓客之禮，尚辭讓也。」所說深得其旨意。

賓對曰，某不以摯（贄），不敢見

鄭注：「見於所尊敬，而無贄，嫌太簡。」

正義：「注云者，此釋所以必用贄之義也，白虎通云，相見有摯何，所以相尊敬，長和睦也，故財帛者所以副至意也，然則平等而相見，亦有相尊敬之意，故注云然。」

主人對曰，某不足以習禮，敢固辭

鄭注：「言不足習禮者，不敢當其崇禮來見己。」

賓對曰，某「也」不依於摯（贄），不敢見，固以請

鄭注：「言依於摯，謙自卑也。」

主人對曰，某「也」固辭，不得命，敢不「敬」從

案由下文『（主人）出迎「于門外」。』一語，我們可以知道，以上主客的對話，都是由擯者

傳達的。

出迎「于門外」，再拜，賓合（答）「再拜」，主人揖，入門右，賓奉摯（贄），入門左，主人「再」拜受，賓拜送摯（贄），出

句讀：「凡門，出則以西爲右，以東爲左；入則以東爲右，以西爲左。入送贄訖，賓敬已將，故出。人君受贄于堂，此受于庭，是自下於君，不敢與同也。」

正義引楊氏復云：「受贄不於堂，爲下人君者，聘禮，賓至于郊，君使卿朝服，用束帛勞，賓受於舍門內，諸公之臣則受于堂，又賓私面於卿，受幣於楹間，及衆介面，則受幣于中庭，以此言之，則受于堂爲重，受于庭爲輕，其義可知也。」

案楊氏所論甚諦，士惟昏禮受鴈于堂，那就是因爲禮重的緣故。

主人請見，賓反見，退，主人送「于門外」，再拜

曲禮：「凡與客入者，每門讓于客，客至於寢門，則主人請入爲席，然後出迎客。客固辭，主人肅客而入。主人入門而右，客入門而左。主人就東階，客就西階。客若降等則就主人之階。主人固辭，然後客復就西階。主人與客讓登，主人先登，客從之，拾級聚足，連步以上。上於東階，則先右足，上於西階，則先左足。」

案主人送于門外，再拜，而賓是不答拜的，若士冠禮冠者見兄弟贊者姑姊：「賓出，主人送于

廟門外。」又送賓：「賓出，主人送于外門外，再拜，歸賓俎。」都是賓不答拜的例子。『主人送「于門外」』，是送客至大門外；上文「賓再拜，送贄，出。」則只是出寢門，而未出大門，由前後的經文可以互爲輔證。

「主人」復見之，以某（其）摯（贄），曰，鄉（曏）者吾子辱使某見，請還摯（贄）於將命者

鄭注：「復見之者，禮尚往來也，以其摯，謂曏時所執來者也。曏，曩也。將，猶傳也。傳命者，謂擯相者。」

正義：「案還摯，謙不敢當也，士與士不終辭贄而有還贄，大夫於士則終辭其摯而無還摯，君於其臣則受之，於外臣則使擯還之，大夫於嘗爲臣者亦然。」

案某，應作「其」，「某」是誤字。

簡本「復見之」上無「主人」二字，然細味上文，復見之者，亦當爲主人復見賓客，今本益以「主人」二字，於義尤明。「主人」就是上文的主人，現在反主爲客，仍稱「主人」不稱「賓」者，使不與上文的「賓」相混而已。「主人」到「賓」家回拜，是拿着前此「賓」求見時的贄。

主人對曰，某「也」既得見矣，敢辭

正義曰：「賈疏云，上言主人，此亦言主人者，上言主人者，據前爲主人而言。此云主人者，謂前賓，今在己家而說也。張氏爾岐云，此下凡稱主人者，即前賓，稱賓者，即前主人。」

**「賓」對曰，某「也」非敢求見，請還摯（贄）於將命者**

正義：「上主人以既得見爲辭，故賓以非敢求見，但請還贄爲對也。」

**主人對曰，某「也」既得見矣，敢固辭**

**賓對曰，某非（不）敢以聞，固以請於將命者**

鄭注：「言不敢以聞，又益不敢當。」

句讀：「不敢以聞，謂不敢以還贄之事，聞之主人，但固請于將命者而已，益自謙之辭。」

**主人對曰，某「也」固辭，不得命，敢不從**

鄭注：「許，受之也，異日則出迎，同日則否。」

案以下文「賓奉贄入」，故知主人當不出迎。敖繼公集說以文略而不言出迎，恐非。

**賓奉摯（贄）入，主人「再」拜受，賓再拜送摯（贄），出，主人送于門外，再拜**

正義：「經明言還贄，則贄即其來之贄可知，吳氏章句謂禮尚往來，復見宜別有贄，非也。」

案據上文「主人復見之，以其贄，」則主人所執的是「賓」原來之贄，正義之說是也。

# 士見於大夫

**●士見於大夫，終辭其摯（贄），於其入也，壹（一）拜其辱也。賓退，「送」再拜**

曲禮：「士見于大夫，大夫拜其辱。」疏云：「謂平常相答拜，非加敬也，故聘禮，賓朝服問卿，卿迎于廟門外，再拜，是主人必拜辱也。」

玉藻：「士於大夫，不敢拜迎而拜送。士於尊者先拜，進面，答之拜，則走。」

義疏：「案此以卑見尊之禮也，不復見，故惟言見，不謂之相見。士冠禮，士若士之子，冠畢，以贄見於鄉先生，其即用此禮與。」

正義：「士於士受其摯，於親答時還之，大夫於士不親答，故不受其摯也，敖氏云，士於大夫降等者也，受摯而不答則疑于君，答之則疑于敵，使人還之則又疑于待舊臣，是以終辭之也。」

又：「案經云，于其入也，一拜其辱也，明不出迎可知，凡主於賓不出迎，不出送，入一拜，皆降等之禮宜然，故鄭以爲正禮也。」

案「終辭其贄」者，大夫辭也。其，士也。「一拜」，大夫拜也。凡送賓，無論尊卑皆再拜，只有喪禮的送賓是一拜的。本經一拜，只是拜其辱，非喪禮之拜。

如（若）當（嘗）爲臣，則禮辭其摯（贄），「曰，某也辭，不得命，不敢固辭。」

案禮辭者，終受之也。士昏禮納采、問名：「賓禮辭，許。」皆是。

賓入，鄭（奠）摯（贄）再拜，主人合（答）壹（一）拜

鄭注：「奠贄，尊卑異，不親授也。」

曲禮：「大夫於其臣，雖賤，必答拜之。」

按金文鄭皆作奠，故隸書奠字有作鄭者。

賓出，使擯者還其摯（贄）于門外，曰，某也使某還摯（贄）

鄭注：「還其摯者，辟正君也。」

正義：「敖氏繼公曰，賓退而主人不拜送，亦異於不爲臣者也，以其不現爲臣，故當還贄。某也，大夫名。」

賓對曰，某「也」既得見矣，敢辭

案這是禮貌之語，辭贄，亦有敬誠的含意。

⊙賓擯者「對」曰，某「也」使（命）某，「某」非敢爲儀「也」，固（敢）以請

案簡本賓字，疑爲衍文。

賓對曰，某「也」，夫子之賤私「也」，不足以踐禮，敢固辭

鄭注：「家臣稱私，踐，行也，言某臣也不足以行賓客禮，賓客所不答者，不受贄。」

正義：「注云，家臣稱私者，玉藻曰，士於大夫曰外私，又曰大夫私事使私人擯，蓋臣於大夫者爲私人也。」

擯者對曰，某「也」使某，非（不）敢爲儀「也」，固以請

鄭注：「言使某，尊君也，或言命某傳言耳。」

正義：「此還贄有三辭，初言使某，次言命某，復言使某，故鄭分別解之，謂言使某，是某正尊君之義也，或言命某，則取傳言之義耳，敖氏云，云使，猶命也，是無甚分別矣，與鄭異。」案使、命二詞，以簡本校之，知行文措辭之別，敖氏所說是也。

賓對曰，某固辭，不得命，敢不從，再拜受

鄭注：「受其贄而去之。」

案賓拜受贄後離去，經無明文，故鄭玄加以注釋，統觀文意，拜受之後離去，是理所當然的。

# 大夫相見

下大夫相見以鴈，飭（飾）之以布，維之以索，如執雉

鄭注：「飾之以布，裁縫衣其身也。維，謂維繫其足。」

曲禮：「執禽者左首，飾羔鴈者以繢。」

又云：「獻鳥者佛其首，畜鳥者則勿佛也。」疏云：「獻鳥者，佛其首者，王云，佛謂取首戾轉之，恐其喙害人也。鄭云，佛戾也，蓋為小竹籠以冒之。案，王、鄭義同，而加籠籠之，為其喙害人也。」

案說文：「繢，織餘也，一曰畫也，從糸貴聲。」

又云：「繪，會五色繡也。」段注：「繪，鄭注曰，繪，讀若繢，讀若猶讀為，易其字也，以為訓畫之字當作繢也，繪訓五采繡，故必易繪為繢。」

言布與言繢者，一指其質，一指其布之畫而已，疏與曲禮所言暫不俱辯。

●上大夫相見，以羣（羔），〔飾之以〕布，四維之，結于面，左短（頭），「如」麃（麛）執之，如士相見之禮

鄭注：「上大夫，卿也。羔，取其從帥，羣而不黨也。面，前也，繫聯四足，交出背上，於胷前結之也。如麛執之者，秋獻麛，有成禮，如之，或曰，麛，孤之摯也，其禮，蓋謂左執前足，右執後足。」

又：「大夫雖摯異，其儀猶如士。」

張爾岐云：「士與士相見，敵者之禮也，兩大夫相見，亦敵者，故其儀如之。」

按羃字同羔通假。短，乃桓字之誤，隸體如此。麃，應從今本。

## 臣見於君

「始」●見于君，執摯（贄）至下，容送（彌）俶（慼）

鄭注：「下，謂君所也。蹙，猶促也，促，恭慤貌也，其爲恭，士大夫一也。」

經義述聞：「引之謹案，君所不得謂之下，鄭說誠未安矣！敖云至下謂當帶，則是解至下爲極卑也，然但云極卑而不指其處，則安知不更下於帶乎，恐古人無此不了之文法也。且上文贄，冬用雉，夏用腒，左頭奉之。釋文，奉，芳勇反（與捧同），是贄當奉不當提，正當用奉者當心之禮，何得同於提者之當帶邪……此云至下，蓋謂執贄者行至君之堂下，至堂下則去升堂奠贊不遠，故其敬益甚。故下文遂云，容彌蹙也。古者謂堂下爲下。鄉射禮曰，主人獻笙於西階上，笙一人拜于下。又曰，命弟子贊工遷樂于下。聘禮記曰，若君不見，使大夫受，自下聽命，自西階升受。公食大夫禮記卿擯由下。注曰，不升堂也。皋陶謨，下管鼗鼓。鄭注曰，謂舜廟堂下之樂，故言下。禮運曰，粢醍在堂，澄酒在下。論語子罕篇曰，拜下，禮也。皆其證矣。」

案此節簡本「見」字上有「●」記號，以簡例推之，當爲另一章矣。

彌，一音迷，（見類篇），迷、送形近，故誤。

俶，卽促，聲近通假。

王氏所論至爲精闢，鄭亦得意矣。

## ●庶人見于君，不爲容，進退走

鄭注：「容，謂趨翔。」

賈疏：「此不言民而言庶人，則是庶人在官，卽府史胥徒是也，此庶人見君不趨翔，謂是常法。」

義疏辨正云：「王氏治禹曰，庶人，非特府史胥徒而已，凡民在焉！」

又案云：「周官有大詢之禮，洪範有謀及庶人之文，是平民皆得見君也，此等見君，宜不用贄，如敖氏之說，若府史胥徒，則大宗伯疏云，新升時執鶩，注家之說，蓋爲庶人在官者言之也。」

案走，說文云：「趨也。」趨，「走也。」相互為訓。釋名則曰：「疾行曰趨。」

周禮大宗伯：「庶人執鶩。」庶人似亦應該包括一般人民而言。

## 士大夫則鄭（奠）摯（贄）再拜稽首，「君」答壹拜

鄭注：「言君答士大夫一拜，則於庶人不答拜之。」

士冠禮冠者見君與鄉大夫先生：「乃易服，服玄冠，玄端爵韠，奠摯見於君，遂以摯見於鄉大夫鄉先生。」

案曲禮云：「君於士不答拜也，非其臣則答拜之。」此未言異國之士，而下文又言「非他國之人」，則為其臣可知，或如賈疏所言「新升為臣」者歟？

又案曲禮下：「大夫士見國君，君若勞之，則還辟再拜稽首，君若迎拜，則還辟不敢答拜。」此言大夫士有勞於外而還者也。

奠摯，蓋奠摯在堂下。士執雉，大夫執鴈，見君的時候，都是奠摯在堂下的。由士冠禮的記述，對於士見於大夫及見於君所穿的服飾，便隱約有所憑據了。

●如（若）也（他）國（邦）之人，則使擯者還其摯（贄），「曰，寡君使某還摯，」賓對曰，君不有其外臣，臣不敢辭，再拜稽首

案「君不有其外臣」者，言不以外臣為臣也。春秋之時，人臣「交政中國」（檀弓），左傳中亦多記外臣來聘者。

## 燕見于君

●凡燕見于君，必辨君之南面，如（若）不得，則正方，不疑君

鄭注：「辨，猶正也，君南面，則臣見正北面君，或時不然，當正東面，若正西面，不得疑君所處邪向之，此謂特見圖事，非立賓主之燕也。疑，度之。」

句讀：「註知此燕見圖事，非立賓主之燕者，以燕禮君在阼階，以西面為正也。」

案正方，曲禮：「立必正方，不傾聽，」言與見者正面對也。簡本凡上有「●」號，知其意與上章同。

君在堂，升見無方階，辨（辯）君所在

鄭注：「升見，升堂見于君也，君近東則升東階，君近西則升西階，燕禮所云是也。」

句讀：「疏以為兼反見之燕，恐亦於事理不合，疏蓋太泥前反見註文也。」

## 進言之法

凡言，非對也，稱（妥）而復（後）傳言

鄭注：「凡言，謂已爲君言事也，妥，安坐也，傳言，猶出言也，若君問，可對則對，不待安坐也。」

義疏引敖氏繼公曰：「凡言，謂凡與人言也，妥，安也，謂安和其志氣乃言，不可匆遽也，易大傳曰，君子易其心而後語，惟有所對答，則或可遽言之。」

義疏案云：「下文博陳言語之儀，則此云凡者，不專爲君言事也，曲禮曰，安定辭。程子曰，心定者，其言重以舒，皆妥之義也，敖說爲正。」

案稱，廣雅釋詁：「度也，」言度其適可之時而言；後，再也。猶今言必度其可言之時再說話。稱，今本作妥者，於義亦通，妥，安也（漢書燕刺王旦傳，集注引臣攢曰），言安和而後出言，勿躁也。曲禮：「安定辭。」論語季氏：「言未及之而不言謂之瞽，言未及之而言謂之躁。」

與君言，言使臣。與大夫言，言事君。與老者言，言使弟子。與幼者言，言孝弟於父兄。

與衆言，言忠信慈謁（祥）。與居官者言，言忠信

鄭注：「博陳燕見言語之儀也，言使臣者，使臣之禮也，大人，卿大夫也，言事君者，臣事君

以忠也，祥，善也，居官，謂士以下。」

集說：「此陳與人言之義，而言則各主於一端者，亦但舉其切要者以為法與，與衆言，言忠信慈祥，大戴記注引此無忠信字，蓋後人因下文有言忠信二字而誤衍也，當刪之。」

凡與大人言，始視面，中視袍（抱），卒視面，無（毋）改；終（衆）皆如（若）是

鄭注：「始視面，謂觀其顏色可傳言未也。中視抱，容其思之，且為敬也。卒視面，察其納已言否也。毋改，謂傳言見答應之間，當正容體以待之，毋自變動，為嫌懈惰不虛心也。衆，謂諸卿大夫同在此者。皆若是，其視之儀無異也。古文毋作無，今文衆為終。」

集說：「大人亦即卿大夫也，毋改，謂不可變亂其三視先後之序也，衆字無意義，宜作終，終皆若是，謂與言之時，自初至終，皆當如上所云，不可以久故或改之也。」

案大人者，當涵尊長輩而言，不應單指卿大夫也。敖氏以衆當作終者，頗具卓識，簡本正作終。

如（若）父，則游目無（毋）上於面，無（毋）下於帶

鄭注：「子於父，主孝不主敬，所視廣也，因觀安否何如也，今文父為甫，古文毋為無。」

曲禮：「凡視，上於面則傲，下於帶則憂，傾則奸。」

「若不言」，立則視足，坐則視膝

案由今本有「若不言」三字，則此立、坐之視容，是對一般尊長而言則更明矣。

## 侍坐于君子之法

凡侍坐于君子，君子吹（欠）申（伸），問曰（日）之蚤（早）晏，以食告具，改居，「則」請退可也

鄭注：「君子，謂卿大夫及國中賢者也。志倦則欠，體倦則伸，問日晏，近於久也。具，猶辯也。改居，謂自變動也。古文伸作言，早作蚤。」

句讀：「欠，引氣，伸，撟體，問日早晚，御者以食具告，主人自變動其居處，皆倦怠厭客之意，故請退可也。」

曲禮上：「侍坐于君子，君子欠伸，撰杖屨，視日蚤莫，侍坐者請出矣？」

又云：「侍坐于君子，君子問更端，則起而對。」

又：「侍坐于君子，若有告者，少閑，願有復也，則左右屏而視。」

又：「毋側聽，毋噭應，毋淫視，毋怠荒，遊毋倨，立毋跛，坐毋箕，寢毋伏，斂髮毋髢，冠毋免，勞毋袒，暑毋褰裳。」

少儀：「侍坐于君子，君子欠伸，運笏澤劍首，還屨，問日之蚤莫，雖請退，可也。」

夜侍坐，問夜，膳儀（葷），請退可也

鄭注：「問夜，問其時數也。膳葷，謂食之。葷，辛物，葱薤之屬。食之以止臥。古文葷作薰。」

案儀、葷二字，以今本之義爲長。

## 臣侍坐賜飲及退去之儀

●如（若）君賜之食，則君祭，先飯，呫（徧）嘗膳飲而俟，君命之食然後食授⊙

鄭注：「君祭先飯，食其祭食，臣先飯，示爲君嘗食也，此謂君與之禮食。膳，謂進庶羞，既嘗庶羞，則飲，俟君之徧嘗也。今文呫嘗膳。」

釋文：「呫，嘗也。」

論語鄉黨：「侍食於君，君祭先飯。」

玉藻：「若賜之食，而君客之，則命之祭然後祭；先飯，辯嘗羞，飲而俟。」

少儀：「凡羞有俎者，則於俎內祭。」

經義述聞：「鄭注曰，此謂君與之禮食。疏曰，謂君與臣，小小禮食法，此節玉藻云，若賜之食，而君客之，則命之祭然後祭，但此文不言，客之命之祭然後祭，文不具也。引之謹案，士相見所記者，侍食之常禮，玉藻所記，則見客於君者也，常禮則臣不祭，故士相見但言君祭也，客禮則臣亦得祭，故玉藻言，命之祭然後祭也，二者不同，鄭注賈疏強合之，非也，論語鄉黨篇侍食於君，君祭先飯，邢昺疏曰，敵客則得自先祭，降等之客則後祭，若臣侍君而賜之食，則不祭，若賜食而君以客禮待之，則得祭，雖得祭，又須君命之祭乃敢祭也，此言君祭先飯，則非客之之禮也，邢氏之說足以正鄭賈之失矣。又案，侍食之常禮與見客於君之禮，所異者，祭不祭耳，其餘則同。」

案簡本「君命之食然後食」後多今本一「授」字，未知其意何在，或為衍文也與？

如（若）有將食者，則俟君之食然後食

鄭注：「將食，猶進食，謂膳宰也，膳宰進食，則臣不嘗食。周禮，膳夫授祭，品嘗食。王乃食。」

玉藻：「若有嘗羞者，則俟君之食，然後食，飯，飲而俟，君命之羞，羞近者，命之品嘗之，然後唯所欲，凡嘗遠食，必順近食。君未覆手，不敢飧，君既食，又飯飧，飯飧者，三飯也。君既徹，執飯與醬，乃出授從者。」

案根據這節有「將食者」，那麼上節必無「將食者」可知，而玉藻所述非常詳細，與之相互參證，則「君賜食之禮」更加完備了。

如（若）「君」賜之爵，則下席再拜稽首，受「爵」，升席祭，卒爵而俟，君卒爵，而（然）後授虛爵鄭注：「受爵者，於尊所，至於授爵，坐授人耳，必俟君卒爵者，若欲其釂然也，今文曰若賜之爵，無君也。」

玉藻：「君若賜之爵，則越席再拜稽首，受，登席祭之，飲卒爵而俟君卒爵，然後授虛爵。」

曲禮：「長者舉未釂，少者不敢飲。」

燕禮：「公卒爵而後飲也。」

案孔疏以曲禮與燕禮合，而與士相見及玉藻違，謂「此經據朝夕侍君得賜爵之法，非燕飲大禮。」他的說法是不錯的。

退，坐取屨（屨），隱辟而後屨（屨），君爲之興，則曰，君無爲興，臣不敢辭，君如（若）降送之，則不敢顧辭，遂出

鄭注：「辭君興而不敢辭其降，於已大崇，不敢當也。」

玉藻：「退，則坐取屨，隱辟而後屨，坐左納右，坐右納左。」

按「臣不敢辭」，俞樾羣經平議以「不」爲衍字，是也。取屨、著屨的禮節，可以參考筆者的士昏禮儀節研究附錄㈣。

大夫則辭「退」下，比及門，三辭

鄭注：「下，亦降也。」

義疏引敖氏繼公云：「大夫起而退，則君興，下階則君降，及門，則君送，於此三節皆辭之，故曰三辭，大夫位尊，不嫌與君爲禮，故得辭也，此著大夫，則上之不敢辭者爲士明矣。」

## 尊爵者來見士

●如（若）先生與（異）爵者請見之，則辭，「辭」不得命，則曰，某無以見，辭不得命，將走見，先見之

鄭注：「先生，致仕者也，異爵，謂卿大夫也，辭，辭其自降而來，走，猶出也，先見之者，出先拜也。」

曲禮曰：「主人敬賓，則先拜賓。」

句讀：「某無以見，言無故不敢輕見也。」

## 博記稱謂與執贄之容

非以君命使，則不稱寫（寡），大夫「士」，則曰寡君之恭（老）

曲禮下：「諸侯使人於諸侯，使者自稱曰寡君之老。」
又：「列國之大夫，入天子之國曰某士，自稱曰陪臣某。於外曰子，於其國曰寡君之老，使者自稱曰某。」
檀弓：「仕而未有祿者……使焉曰寡君。」（鄭士相見禮注引作「寡君之老。」）
玉藻：「上大夫自曰下臣，擯者曰寡君之老，下大夫自名，擯者曰寡大夫。」
又：「大夫私事，使私人擯則稱名，公士擯則曰寡大夫，寡君之老。大夫有所往，必與公士爲賓也。」
案簡本「寫」，「恭」皆誤字。王引之經義述聞謂「士」爲衍文。簡本正無「士」字，又謂「則曰」二字因下文士大夫則曰下臣而衍。本章所述雖與曲禮玉藻多有不合，惟禮有時間之別，地域之分，議論之異，不必強同，若無他禮，只有各存之而分別以觀耳。
鄭注以「稱寡」斷句，「大夫」屬下讀；寡者，寡君也，按如以「大夫」斷句，則「則曰」之「則」，訓猶而也。

凡執㡀（幣）⊙⊙執㡀者不〔趨〕，容送（彌）俶（蹙）以爲儀。」

鄭注：「不趨，主慎也，以進而益恭爲威儀耳，今文無容。」
賈疏：「案小行人合六幣，玉、馬、皮、圭、璧、帛皆稱幣，下云別云執玉，則此幣謂皮馬享幣及禽摯皆是。」

曲禮上：「操幣、圭、璧，則尚左手，行不舉足，足輪曳踵。」

〔執玉者〕「則」唯邦（舒）式（武），舉前肆（曳）踵

鄭注：「唯舒者，重玉器，尤愼也，武，迹也。」

曲禮上：「惟薄之外不趨，堂上不趨，執玉不趨，堂上接武，堂下布武，室中不翔。」

曲禮下：「凡執玉器，執輕如不克，執主器操圭璧則尚左手，行不舉足，車輪曳踵。」

玉藻：「君與尸行接武，大夫繼武，士中武，徐趨皆用之。」

又：「執龜玉，舉前曳踵，蹜蹜如也。」

案簡本「邦」，「式」疑皆譌字。肆，放也（漢書集注）。

凡自稱於君，士大夫「則」曰下臣。詑（宅）者在國（邦），則曰市井之臣，在野則曰草茅之臣。庶人，則曰刺草之臣。也（他）國之人，則曰外臣。

鄭注：「宅者，謂致仕者，去官而居宅，或在國中，或在野，周禮載師之職，以宅田任近郊之地，今文宅或爲託，古文茅作苗，刺，猶剗除也。」

孟子萬章篇：「在國曰市井之臣，在野曰草莽之臣，皆謂庶人，庶人不傳質爲臣，不敢見於諸侯，禮也。」

# 附錄（一）　士相見禮成篇質疑

武威漢簡有士相見之禮，今本名曰士相見禮，這可能是篇首言「士相見之禮」，故以名篇，但並不是全篇都記載士相見的儀節，其中包括有士與士相見、士見於大夫、大夫與大夫相見、臣見於君（庶人見君、士見君、大夫見君及外使見君。）諸相見之禮。故大小戴本（據賈疏引鄭玄目錄）只名曰「相見」，大概也是基於這個原因吧！

至於本篇之體例，可疑之處很多，皆關係乎本篇的成篇問題者，現在不避淺陋，概括地把它們分別提出來！

（一）今本儀禮十七篇中，士相見、大射、士喪、少牢，有司徹五篇無『記』（士喪爲既夕的上篇、「記」在既夕篇後；少牢爲有司徹的上篇，皆無記。故實算三篇無「記」。）其他十二篇皆有「記」，而士昏一篇的記文多問答之辭，他篇極少見，今數士相見禮自首段至臣見於君四章中、問答文字與士昏記文極相似。這很可能是爲記文所竄入者。

（二）在士見於大夫一章中『曰、某也辭、不得命、不敢固辭。』十一字不見於武威簡本、今本儀禮則有之。再仔細的觀察、在『賓出，使擯者還其贄于門外。』已經算是敍述的完成了，我們在看過其他各篇的經文記載後，是可以有這樣的說法的。至於章後『曰、某也使某還贄，賓對曰……再拜受。』整段是問答語，類似記文性質，應該是不屬於經文的。

又：臣見於君一章中，『曰、寡君使某還贄。』七字不見於武威簡本，今本則有之。再者此章的後面記着：『曰，寡君使某還摯、賓對曰、君不有其外臣、臣不敢辭、再拜稽首。』這段問答之辭亦極似經後記文。

士見於大夫及臣見於君所出毛病，大致相同，最後之問答之辭，疑應是記文，傳抄者誤入於經故爾。但是士見於大夫的『曰，某也辭……』十一字與臣見於君的『曰，寡君使某還贄。』七字，簡本皆不見，士見於大夫的『曰，某也辭……』十一字更是在今本經文內從中別出者，如果是傳抄者所漏的話，未免絕不可能有那麼湊巧的罷，而且慶氏，大小二戴皆出自后倉，漢代家法至嚴，所傳授也不應該有所差異的，這兩句的存在，也許是後人所加的！

由於這兩章的最後，都是問答之辭，絕似附於經文後之『記』文，因此懷疑前面的四章，每章本屬單篇的經文，而有『記』者則於經文後附之，但因爲字少而且性質類似的緣故，便合起來書之簡冊，而以首章首句名篇，傳抄既久，至是『經』、『記』相混，無復分別了。我們只要把前四章的所有問答之辭刪去，不難可以見到還是一篇完整的經文。

至於首章士相見之禮問答之辭極多，夾雜在敍述之經文裏面、又與士見於大夫及臣見於君的問答之辭附於文後者不類，因疑此章起初亦僅有無問答之經文，爲『記』者置問答之辭於經後，因爲沒有標明『記』的字樣，後之治經者乃綴合成篇，成了通篇的經文。

今見武威簡本中，凡記文皆未於記前標明『記』字，惟燕體一篇除於經文之後書「凡三千六十六字」（括經記合計），於記後更出「記三百三文」者爲例外。（丙本喪服無傳，最後書「凡千四百七十二」，則單指經記而言。）從這點看來，也許就是士相見經記混淆的原因之一；但它的混淆，最少在武威漢簡本或以前的本子中已經開始了。否則，其成篇或較他篇爲後吧？

（三）燕見於君，進言之法，侍坐于君子之法，臣侍坐賜食賜飲及退去之儀、尊爵者來見士、博記稱謂與執贄之容等六段，章首皆有『凡』、『若』等字，極似記文性質之辭，與最前之四章體例不一，因疑此數段本爲筆之於臣見於君前四段之後的『記文』入篇之時，無『記』字樣，輾轉傳抄，乃與經文合而爲一，與前四章之問答之辭與經文混淆者相類。張爾岐于「凡燕見于君下云：『……此下博言圖事，進言，侍坐、侍食、退辭、稱謂諸儀法，殆類記文體例矣。』是知張氏亦早見及此。尤以最後一章之章目擬「右博記稱謂與執贄之容」一語，更顯出他對該章的看法。

（四）最後我們要拿士冠禮來做一個旁證。朱子儀禮經傳通解在士冠禮「右醴賓第十八章」下云：「今按此章以上正禮已具，以下皆禮之變。」張爾岐亦於同篇「右逆賓歸俎」（與朱子所斷相當，只章目不同）下云：「以上士冠禮正經。」朱、張二氏給了我們很大的啓示，知道了『若不醴、則醮用酒』以前皆是所謂「正禮」或「正經」的文字，而「若不醴……」以至「三服之屨」，我們從它的體例看來，可以說它只是與以上經文同時或稍後之『辭』，用以補充經文的不足的，而它與所謂『記』的性質相似；至於它是否撰『經』之人所益，或另有其人予以「補充」？則不可得而知了。根據這樣的推論，士冠禮的成篇先後，依順序便是先有『經文』，再有『與經文同時或稍後補正經之辭』，而後始有『記』，這大概是非常可靠的。

士冠禮的「補正經之辭」和士相見所載之「問答之辭」和「凡燕見于君」以後各章互相比較，它們都極爲相似，至此，我們又可以增多一個假設，對於上文所提及有關士相見禮中的「問答之辭」和「凡燕見于君」以後各章，也就是與經文同時或稍後的補充『正經』之辭，與上面把它懷疑是『記』的說法，在時間上便可推前很多了。

以上都是不成熟的見解，希望通人，有以教正。

（本文曾刊孔孟月刊第六卷第四期）

## 附錄(二)　從「魯於是始尙羔」談到士相見之禮成篇的時代

儀禮士相見之禮大夫相見節云：「上大夫相見，以羔，飾之以布，四維之，結于面，左頭，如麛執之。」。鄭注云：

上大夫、卿也、羔取其從帥、羣而不黨也。面、前也。繫聯四足、交出背上，於胷前結之也。如麛執之者，秋獻麛，有成禮。如之，或曰、麛孤之摯也；其禮蓋謂左執前足、右執後足。

又云：

大夫雖貴異，其儀猶如士。

張爾岐句讀曰：

士與士相見，敵者之禮也。兩大夫相見，亦敵者，故其儀如之。

周禮大宗伯：

以禽作六摯……卿執羔，大夫執鴈。

禮記曲禮下：

凡摯……卿羔，大夫鴈。

前引文獻，皆謂「大夫執羔」或「卿執羔」。今按左傳定公八年：

公會師于瓦，范獻子執羔，趙簡子，中行文子皆執鴈，魯於是始尙羔。

儀禮義疏餘論引呂祖謙曰：

左傳定公八年，公會晉師于瓦……魯于是始尙羔。周禮在魯，而卿大夫羔鴈之制，且因晉方知，見當時之禮，散在列國者不能備也。

左傳會箋云：

卿執羔，魯人何不知，蓋魯人從禮，凡爲卿者皆執羔，晉則唯正卿執羔，諸卿皆降而執鴈，以晉例魯，則唯季孫可執羔，故叔孫、孟孫皆宜執鴈，魯人以其爲霸主，遂棄禮從之，傳記變古之始耳，非謂其復正也。昭六年楚公子棄疾過鄭，見子皮以馬六匹，子產四匹，大叔二匹，三子出勞，故分三等禮之，今三子見，故二子執鴈，蓋亦所以別異政卿也。

執羔的禮節，係「散在列國」，抑是「魯人從禮，凡爲卿者皆執羔，晉則唯正卿執羔，諸卿皆降而執鴈」，此事固難論定，卿和大夫因爲身份的差別，其所行禮節在春秋時已有分別（如會箋引昭六年左傳），但是魯人的執羔，只是從禮而已，在從禮之前，卿大夫行禮之際，應該是拿些什麼樣的贄禮呢？

根據左傳定公八年以前的記載，卿大夫贄見所用多爲玉帛禽鳥，而以羔爲贄，恐怕是春秋後期才開始流行的。在西周銘文的記載中，諸侯朝見，受賜或相贈則多用璋、束帛、布、馬匹、貝、金等，如䔡伯簋：

唯王九年九月甲寅，王命益公征眉敖，益公至，告。二月，眉敖至，見，獻貴。

睘卣：

王姜令作冊睘安夷伯，夷伯賓睘貝、布。

史頌簋：

王在宗周，命史頌省穌……穌賓璋，馬四匹、吉金。

大簋：

王呼吳師召大賜趞嬰，王命膳夫豖謂趞嬰曰：余既錫大乃里，嬰賓豖璋、帛束……大賓豖訊璋、馬兩、賓嬰訊璋、帛束。

上例中所謂「賓」者，王國維觀堂集林卷一與林浩卿博士論洛誥書中說：

古者，賓客至，必有物以贈之，其贈之之事謂之賓，故其字從貝，其義卽禮經之儐字也……後世以賓爲賓客字，而別造儐字以代賓字。

這樣說來，儀禮所云「儐」者，應當是由來有自了，至於春秋時公卿的相見互贈很少用到貝和金，儀禮中的覲禮和聘禮則僅見用玉和幣而已。再者便是士人在士昏禮和士相見禮中用鹿皮、束帛和用鴈的記載，春秋莊公二十四年。

八月丁丑，夫人姜氏入，戊寅，大夫宗婦覿用幣。

傳曰：

秋、京姜至，公使宗婦覿用幣，非禮也，禦孫曰，男贄，大者玉，小者禽鳥，以章物也，女贄不過榛栗棗脩，以告虔也，今男女同贄，是無別也。

國語魯語上也有同樣的記載

哀姜至，公使大夫宗婦覿，用幣，宗人夏父展曰，非故也……夫婦贄不過棗栗，以告虔也，男則玉帛禽鳥，以章物也，今婦執幣，是男女無別也。

雖然宗婦覿用幣爲非禮，然而用玉帛禽鳥爲贄見的禮物，在當時可說是非常流行的。用作贄的禽，一般是指麛鹿、雉和鴈來說。用羔作贄却是從左傳定公八年的記敍才看到。白虎通瑞贄篇根據儀禮士相見禮所說「上大夫相見以羔……左頭，如麛執之。」而認爲「卿大夫贄，古以麑鹿，今以羔鴈。」誠然，從經文「如麛執之」一語，除了可以解釋爲執羔的方法是如此之外，不難從而推斷「執羔」的禮節是前有所承的，而最可能的便是做贄用的「小鹿」爲「小羊」所取代了。章炳麟春秋左氏讀卷九重定魯於是尙羔說更肯定的說：

「言魯始尙羔者，蓋魯卿本不以羔爲贄，而用麛鹿爲摯，至此始尙羔者。」

其實，尙羔的原因也許只是一種禮俗的轉移，他的改變是非常自然的。管子揆度篇云：

「今諸侯之子將委質者，皆以雙虎之皮，卿大夫豹飾，列大夫豹幨……大夫散其邑粟與其財物，以市虎豹之皮，故山林之人刺其猛獸，若从親戚之仇。」

當然，這故事不一定眞實，但是先民起初獵得野獸用來作爲奉贈的禮物，却是很自然的事情。我們翻開了歷史，可以知道在人們有了定居的生活以後，畜牧和農業便跟着有進一步的發展，男子在外狩獵得到的獸類，無論帶回來畜養或已被射殺的，都成了珍貴的東西，而鹿雉之類又是他們打獵中經常得到的野禽。在殷民狩獵的情形裏面，我們可以看到當時對鹿和麑的獵獲曾有甚高的記錄，如：

「戊午卜，㱿貞，我狩龜，禽？之日狩，允禽，獲虎一、鹿四十、狐一百六十四、麑一百五十九……」（乙編二九〇八）

「囗𠦪？壬申允獸，𠦪兕六，豕十又六，麑一百又九」（乙編七六四）

「丁卯卜囗貞，狩正囗囗畢，獲囗囗，鹿百六十二，囗百十四，豕十，兔一。」（通纂第二十片）

「獲鹿二百。」（鐵雲藏龜之餘十二、三）

「允隻麋四百五十一。」（乙編五三三九）

從卜辭所提供的材料看來，史記周本紀所謂「維天不饗殷，自發未生，於今六十年，麋鹿在牧，蜚鴻滿野。」也許眞的不假，而先民由於麋鹿的容易獵獲，每當喜慶或需要的時候，便用牠來作爲祭祀或見面的禮物，見面時也有互贈的方式，這種禮俗也不難從民族學和民俗學上得到很好的佐證。

西周春秋戰國年間，很多時仍然保存着原始的風俗習慣、用麑鹿來作爲贄見的禮物，我們在士昏禮記述納徵的時候，還不是有「儷皮」的贄禮嗎？「儷皮」據鄭玄說就是一對的鹿皮，那豈不正是原始禮俗的遺留。至於禮尚往來的沿襲更是多見，如士昏禮禮使者中，飲食快要結束時，「賓卽筵，奠于薦左，降還，北面坐取脯，主人辭，賓降，授人脯。」那也是一麟半爪的痕跡，其他明顯的例子，在禮書中亦往往多見。其實，以羔羊代替了麛鹿，那很可能是因爲人們經過長時間的發展，已懂得了畜養家禽的方法，而「羊」是他們普遍畜養的家畜之一，由於麛鹿的難覓，便很自然地想到了用馴服的羔羊來代替，於是用羔爲贄也就慢慢的形成風俗，從某一地區擴延到其他的地域。但由於羔羊在當時被認爲是珍貴的禮物，因此和其他的「贄」便有了等級的差別，演而爲卿和上大夫專用的「贄」。

至於用「羔」來取代麛鹿的地位，始於何時？的確難加論斷，也許在某一時間內，各地同時領悟到這種改換的必要，或者，最先加以改換的不爲人所知，而且往往一種習慣的發生，根本是潛移默化，無所謂先後，更因爲地域的不同，風俗的迥異，觀念的差別，時間上也就更難確定了，因此，我們只好利用目前及見的文獻材料，暫且先用左傳定公八年的記載來做一個定點吧！

總而言之，左傳中范獻子執羔，魯於是始尚羔之說，在呂祖謙、會箋、白虎通和章氏春秋左氏讀四書加起來的意見下，亦足勉強的加以解釋了。

有關於士相見禮成篇年代的問題，筆者曾於孔孟月刊第六卷第四期有士相見之禮成篇質疑一文討論及之，現在根據左傳定公八年「魯於是始尚羔」的記載，如果那是可靠的話，那麼我們再通觀士相見禮通篇的文體和風格的表現（見質疑一文）更可使我們作一個大膽的假設，它成篇之時恐怕不會早於魯定公八年的了。

再者，士相見之禮中「某也不依於贄」，「某無以見」等句法，是論語、孟子中所常見的。論語之成書，據屈師翼鵬古籍導讀說：「孔子歿時，曾子方二十七歲，而論語記曾子臨終之事，是知論語之編成，至早亦當在孔子歿後三十餘年，且就『曾子有疾，孟敬子問之』之語證之，孟敬子名捷，爲孟武伯之子，孟武伯當魯哀公二十七年（孔子歿後十一年）猶在（見哀公二十七年左傳）；則其子之卒，當更遠在其後，而論語已稱敬子之諡。然則章氏謂論語成於戰國之時者，蓋信而有徵矣。」又曰：「其編輯成書，約當戰國初年，或更有後人所附益之資料也。」由是言之，士相見之禮成篇下限，雖難論斷，然據其句法已為論語孟子中所有，文中亦有後人附益之迹象，那麼定其成書約與論、孟同時或稍後是不無道理的。

（本文曾刊孔孟月刊第七卷第四期）

黃啓方著

# 儀禮特牲饋食禮儀節研究

# 前　言

本文係一九六八——一九六九年度東亞學術計劃委員會儀禮復原小組工作報告之一。本文之寫作在對儀禮特牲饋食禮之儀節部份，作一較詳細之研究，期能達到復原的目的。

特牲饋食禮，自鄭康成以來，都認爲是「士」這個階級對祖先的一種祭禮，玆姑仍其說。其祭前的準備工作，有筮祭日、筮尸、宿尸、宿賓及視濯視牲。至祭祀之日，先則預陳祭祀所須用之事物，安排執事人等之位次，而後舉行祭禮。祭禮計分陰厭、尸九飯、主人初獻、主婦亞獻、賓三獻、獻賓與兄弟、長兄弟與衆賓長加爵、嗣舉奠獻尸、旅酬、佐食獻尸、尸出歸尸俎徹庶羞、嗣子長兄弟養、陽厭諸節。玆依經文之次序，依次研討之，而不另爲分章節。其中有經文之敍述或較簡略，古人之解釋或多分歧，則比較諸家說法，參考其它文獻，於祭禮進行時之諸色人等之動作進退，物品之陳設位次，務求得一確切可行之解說，以爲日後復原之準備。或有因文獻不足而未能遽得定論者，補綴之功，請俟異日。

本文寫作期間，承　孔達生師之指導，及東亞學術計劃委員會之補助，得以順利完成，又承中華書局惠予出版，並此申謝。

黃　啓　方謹識

五十九年九月

# 目次

# 一 將祭筮日

特牲饋食之禮，不諏日。

注云：「諏，謀也，士賤職褻，時至事暇，可以祭，則筮其日矣。不如少牢大夫，先與有司於廟門諏丁巳之日。」案注所云，則不必另擇占卜之日，當主人有閒暇可以舉行卜筮之日，即可直接筮求舉行祭禮之日，而不必先又占求舉行筮儀的日期。

及筮日，主人冠端玄，卽位于門外，西面。

注云：「門，廟門也。」

案儀禮筮日之儀，又見于士冠禮及少牢饋食禮，冠禮云：「筮于廟門」，注云：「筮日于廟門」，少牢云：「日用丁巳，筮旬有一日，筮于廟門之外。」凌廷堪禮經釋例云：「凡卜筮皆于廟門，唯將葬則于兆南。」

冠端玄，玄冠玄端也，詳陳瑞庚服制篇。

及筮祭日之日，主人玄冠玄端，卽位于廟門外東方，西面而立。

子姓兄弟，如主人之服，立于主人之南西面，北上。

案子姓爲主人子侄之輩，命鑄：「保盧（吾）子姓。」是也。其位在主人之南，則亦廟門外東方西面；北上者，自北而南依序而立也。

**有司羣執事，如兄弟服，東面，北上。**

案敖繼公云：「此時未有賓，故有司羣執事皆如賓位，廟門外西方東面北上。」有司與羣執事之別，胡佩翬儀禮正義云：「凡職有專司者，謂之有司，無專司而臨事來助祭者謂之羣執事。」

服制見陳瑞庚服制篇。

**席于門中闑西閾外，筮人取筮于西塾，執之，東面受命于主人。**

爾雅釋宮室：「橜謂之闑」，曲禮：「大夫士出入君門，由闑右。」按門兩扇中之木柱謂之橜或闑。閾者門限也，曲禮：「行不履閾」。

案士冠禮云：「布席于門中闑西閾外西面。」此處席之布法當一如冠禮然。

筮人者，冠禮注云：「有司主三易者」，知筮人亦係有司之一，其位原亦在有司羣執事門外西方東面之位，席既布就，乃入西塾取筮，而後于主人之前東面受命。西塾者，冠禮注云：「門外西堂也」即外西塾也。

宮室部份，見鄭良樹宮室篇。

宰自主人之左贊命，命曰：「孝孫某，筮來日某，諏此某事，適其皇祖某子，尚饗。」

注云：「宰，羣吏之長。」則宰原亦在有司羣執事西方東面之位。筮人取筮東面受命于主人時，宰由其位進于主人之左，以代主人宣命也。既已宣命，則應復其西方之位。

筮者許諾，還，卽席，西面坐。卦者在左，卒筮，寫卦，筮者執以示主人。

士冠禮云：「筮人許諾，右還，卽席坐，西面。卦者在左。」準此，此處之還，亦應右還也。卦者，當亦在有司之列，此時出列就筮者左邊面西之位，以擔任寫卦之事。筮者既受命，於是右還卽席西面坐而行筮事，卦者在其左以寫卦，卒筮，筮者乃以卦者所寫之卦示主人，筮者示主人時，亦當東面右還以示之也。

主人受視，反之，筮者還東面，長占，卒，告于主人：「占曰吉。」

案上經云：「筮者執以示主人」，此云：「主人受視反之」，則筮者以卦示主人時已由西面轉而東面，主人既受卦視畢，返之于筮者，筮者當右還復位。褚寅亮儀禮管見云：「上言主人受視反之，則筮者向西行，就有司西方之位，還其身東面；必言東面者，明與筮時異向也。」又胡氏正義云：「占時東面，諸篇皆然。」又此時卦者之事亦畢，或當筮者示主人卦時，卦者卽復其位也。

若不吉，則筮遠日，如初儀，宗人告事畢。

注云：「遠日者，旬之外日。」若長占不吉，則筮旬外之日爲祭日。宗人之位，本篇視濯視牲章（門外位）云：「宗人、祝立于賓西北，東面，北上。」（按此處言賓，卽上文之「有司羣執事」也）宗人當爲有司，士冠禮注：「宗人，有司主禮者。」其位卽有司羣執事之位。其告事畢時之位，據以下視濯章：「東北面告濯具。」則應亦東北面。

## 二　筮尸

前期三日之朝，筮尸，如求日之儀。

經旣云如求日之儀，則亦在廟門外舉行，席之布位，主人與子姓兄弟，有司與羣執事之面位，筮人，卦者，宗人之動作，皆一如筮日之時也。

命筮曰：「孝孫某，諏此某事，適其皇祖某子，筮某之某爲尸，尙饗。」

命筮者，宰在主人左贊命，筮者受之而筮也。

# 三　宿尸

乃宿尸，主人立于尸外門外，子姓兄弟立于主人之後，北面東上。

案上節既筮得爲尸者，主人乃親率子姓兄弟莅尸家，止于外門之外，外門者，大門也。注云：「不東面者，來不爲賓客，子姓立于主人之後，上當其後。」是主人亦北面立以俟尸也。

尸如主人服，出門左，西面，主人辟，皆東面，北上。

注云：「辟，順尸。」主人既北面尊尸，尸出，不敢南面當尊，故西面以賓禮待主人，於是主人順遂尸意，率子姓兄弟東面于門右向尸而立，子姓兄弟在主人之後，北上，上當主人後。郝敬曰：「北面事神之禮，出門左迎賓之禮。」是也，尸者所以代神，故主人北面。

主人再拜，尸答拜。

案正義云：「少牢云：『主人再拜稽首』。此不言稽首，省文。」少牢禮云：「主人再拜稽首，祝告曰。」則彼尸且不答拜，豈亦省文？少牢爲大夫禮，故主人再拜稽首而尸不答拜；特牲士禮，士尸卑，故主人不稽首而尸答拜。疏云：「少牢宿尸，主人再拜稽首，祝釋辭訖，尸乃拜，此尸答拜後，宗人乃擯辭者，士尸卑。」則正義所謂省文者，不足信也。又敖繼公云：

「答拜，亦再拜。」知此時尸與主人爲主客之關係，固無稽首之理也。東西面拜，見士昏禮。

**宗人擯辭如初，卒曰：「筮子某爲尸，占曰吉，敢宿。」祝許諾，致命。**

案擯辭如初者，如筮尸之辭也，卽云：「孝孫某，諏此某事，適其皇祖某子，筮子爲某尸，占曰吉，敢宿。」宗人與祝擯辭釋命之面位，注云：「始宗人祝北面，至於傳命，皆西面受命，東面釋之。」按始時主人與子姓兄弟立于尸外門外北面，則完人祝從之，亦北面可知。注又云：「主人辟，皆東面北上。」則宗人祝亦東面矣。又宗人之擯，應在主人之左，如上「宰自主人之左贊命」，祝應由東面位聽命，而後東面致命于尸。主人及子姓兄弟涖于尸外門外北面時，宗人與祝亦北面，其部位當在主人之左，次于子姓兄弟，及主人與子姓兄弟變位，宗人祝亦應變位，至傳命之時，則宗人擯主人，祝侑尸，亦各掌其職也。

**尸許諾，主人再拜稽首，尸入，主人退。**

注云：「其許，亦宗人受于祝而告主人。」又云：「相揖而去，尸不拜送，尸尊。」此時尸既許諾，則已爲尸矣，故不必如前此之答拜也。少牢宿尸云：「尸拜許諾，主人又再拜稽首。主人退，尸送，揖不拜。」注相揖而去之說，據少牢也。不拜送而揖送者，以尸尊也。

# 四　宿　賓

宿賓，賓如主人服，出門左，西面再拜，主人東面答再拜。

注云：「言吾子將臨之（見下經），知賓在有司之中，今特宿之，尊賓耳。」按士冠禮注云：「賓，主人之僚友。」又冠禮宿賓之前有戒賓、筮賓之事，戒賓下注云：「宿者必先戒之，戒不必宿，其不宿者爲衆賓，或悉來，或否。」按士賤，有事時，請僚友爲賓，參與祭事，故以主賓身份言則爲賓；以其參祭言，則曰有司、執事也。然有時亦有「公有私」「私臣」參加者，故特牲記：「若有公有司，私臣。」又云：「公有私獻次衆賓；私臣……獻次兄弟」也。

宗人擯曰：「某薦歲事，吾子將涖之，敢宿。」

擯者亦由主人之左，東面。

案前引冠禮注云宿賓前必戒賓，故賓固知涖祭之事，此時更宿之，重之也。

賓曰：「某敢不敬從」，主人再拜，賓答拜，主人退，賓拜送。

賓出迎主人時，西面再拜，主人東面答再拜，此處賓答拜，而無再拜之文，賓或答一拜而已，再拜，則主人退，前後亦是二拜，拜則東西向拜。（見士昏禮）賓拜送主人，主人不答拜，送之例也。

## 五　視濯視牲

厥明夕，陳鼎于門外，北面，北上，有鼏。

厥明夕，注以爲宿賓之明日夕，張爾岐以爲祭前一日之夕也。陳鼎于門外者，門，廟門也。疏云：「特牲之鼎，豕魚腊也。」言陳于門外者，注云：「門外北面當門也。」鼎皆北面，由北而南，依次爲豕魚腊，故云北上。有鼏者，謂鼎有鼏。正義云：「它篇陳鼎多云設扃，此獨云有鼏者，著其節，其實亦有扃也。」鼎、鼏、扃爲成組之物，正義是也。

棜在其南，南順，實獸于其上，東首。

棜設于鼎之南，南順者，南北縱設也，陳獸于其上，獸首東向。獸之實于棜上，或背上腹下而置，南北各二足，方苞云：「排其足於棜上爲俯狀，故但言東首，不言足所向，與牲異。」

牲在其西，北首東足。

牲在棜西，注云：「東足者，尚右也，牲不用棜，以其生。」少牢：「升言右胖」。

設洗于阼階東南，壺禁在東序，豆籩鉶在東房南上，几席兩敦在西堂。

特牲記云：「設洗，南北以堂深，東西當東榮，水在洗東，篚在洗西，南順，實二爵，四觶，二觚，一角，一散。」又云：「壺棜禁饌于東序，南順，覆兩壺焉，蓋在南，明日卒奠。冪用綌，即位而徹之，加勺。」按禮記禮器云：「宗廟之祭，……五獻之尊，門外缶，門內壺。」又敖繼公云：「既奠乃冪之，則未酌以前用蓋歟！」是以冪蓋爲二物；張爾岐則以爲冪即蓋也，未奠不設冪，卒奠乃設之。考武威簡本此記之「奠」字作「尊」(按簡本凡奠皆作鄭)，「卒尊」者，以玄酒注于酒尊也。下文：「尊于戶東，玄酒在西。」尊爲動詞（儀禮皆如此），所尊者，此壺亦記中之「兩壺」也。明旦將奠時，將玄酒注于酒壺中，故言卒尊也。陳時用蓋，卒尊，則易以冪，即位而又徹之。敖、張以不知奠爲「尊」字之譌，故有誤說。即位而徹之加勺者，正義引官氏云：「加勺而後祝取以酌奠，在尸入之前，此即位當指主人入即位時也。」按陰厭一節，主人既入即位，祝洗而酌奠，官氏之言是也。唯徹冪加勺當在主人即位之時，立即行之，庶祝得酌之也。

說文云：「籩，巾以綌也，纁裏，棗烝，栗擇。鉶芼用苦若薇，皆有滑，夏葵冬荁；棘心匕刻。牲爨在廟門外東南，魚腊爨在其南，皆西面。饎爨在西壁。」此詳述籩實鉶實及諸爨之面位。饎爨者黍稷之爨也，注云：「稷在南」，則黍在北也。

東序、東房、東堂具見鄭良樹宮室篇。

**主人及子姓兄弟，卽位于門東如初。**

如初者，如筮日之面位，卽在廟門外東方西面，子姓兄弟在主人之南，西面，北上。其服，記云：「其服皆朝服，玄冠，緇帶，緇韠。」注：「於祭服此也。」記又云：「唯尸祝佐食玄端，玄裳、黃裳、雜裳可也，皆爵韠。」是此時服飾與筮日宿尸宿賓時異也。

**賓及衆賓，卽位于門西，東面北上。宗人祝立于賓西北，東面，南上。**

賓指宿之賓也，卽下文之賓長；衆賓，則所戒者。宗人祝之面位，於筮日時爲門西東面，在有司羣執事之列，此時賓與衆賓當門西東面之位，故宗人祝變而立于賓之西北，亦東面。

**主人再拜，賓答再拜；三拜衆賓，衆賓答再拜。**

賓與衆賓之身分有所不同，故主人對賓再拜，賓答亦再拜；三拜衆賓者，以衆賓不只一名，又不得一一而拜之，故統于三拜，而衆賓亦如賓答再拜，注云：「衆賓再拜者，士賤，旅之，得備禮也。」當是此意。

**主人揖入，兄弟從，賓及衆賓從，卽位于堂下，如外位。**

兄弟者，括子姓而言也，主人揖入，賓從，按淩氏禮經釋例云：「凡入門，賓自門左，主人自門右，主人先入者，導賓也。」又此處但言主人揖入，明當非對揖也，既入門，亦未言三揖之禮，而直言即位于堂下如外位者，以不升故也。

宗人升自西階，視壺濯及豆籩，反降，東北面告濯具。

經言視壺濯及豆籩者，總而言之也，前所設之壺、豆、籩、鉶、几、席均在內，故告濯及具也，疏云：「主人在東階下，宗人降自西階，宜東面告，乃行至賓南而東北面告者，欲兼聞之于賓也。」是也。

賓出，主人出，皆復外位。

外位者，門外之位也。其位見上。

宗人視牲，告充；雍正作豕，宗人舉獸尾，告備；舉鼎鼏告潔；請期，曰羹飪。

注云：「雍正，官名，北面以策動作豕，視聲氣。」據此，凡宗人視牲，舉獸尾，舉鼎鼏之面位，似皆當在其物之南、北面，蓋便主賓之觀視也。至其告充告備告潔之面位，當一如視濯時，東北面而告也。請期，當如筮日章：「東面受命于主人。」主人曰羹飪，宗人乃以期轉告于賓。注云：「宗人既得期，西北面告賓有西。」鄭蓋本東北面告主人之例也。

告事畢，賓出，主人拜送。

宗人告事畢，告于主人也，援前例，似亦當東北面而告，亦使賓預聞也。賓出者，出大門也，上經云：「賓出，主人出，皆復外位。」者，出廟門也，此時復言出，知必爲出大門矣。主人拜送者，在大門外東方西面拜送賓，賓則不答拜。凌氏釋例以爲主人送賓于大門外，皆再拜而送，此處似亦應如此也。

以上祭日之前預備之事，凡五節。

## 六　祭日陳設及位次

夙興，主人服如初，立于門外東方，南面，視側殺。

祭祀舉行之日的早晨，主人起來後，戴着玄冠，穿着玄端服，出廟門，立于門外東方，南面而視側殺，注云：「側殺者，殺一牲。」所殺之牲，即前所具者，一牲，當爲豕也。

主婦視饎爨于西堂下。

按記云：「饎爨在西壁」，注云：「西壁，堂之西牆下……稷在南。」知黍爨在北矣。注又云：

「炊黍稷曰饎——宗婦爲之。」

亨于門外東方，西面北上。

注云：「亨，煮也，煮豕魚腊以鑊，各一爨。」記云：「牲爨在廟門外東南，魚腊爨在其南，皆西面。」下經陰厭節注云：「少牢饋食禮，魚用鮒，腊用麋，士腊用兎。」知特牲魚亦用鮒，腊則兎也。又記云：「尸俎，……魚十有五。」祭時唯尸俎有魚，故知魚共十五條也。

羹飪，實鼎，陳于門外，如初。

羹飪者，諸爨已熟也；實鼎者，以鼎就爨而實之也。既實，又陳于廟內外；如初謂如視濯時之面位，依牲、魚、腊之序陳三鼎于廟門外。

尊于戶東，玄酒在西。

所尊者卽前設于東序之兩壺也，彼時覆于禁上，此時實酒而移于戶東，冪之，至奠而又去冪也，詳見前。

實豆籩鉶，陳于房中，如初。

記云：「籩，巾以綌也；纁裏。棗烝栗擇。鉶芼，用苦若薇，皆有滑，夏葵冬荁。」蓋籩中所實者棗栗，鉶中所實者苦或薇，而以葵荁調配之，使甘飴也。豆籩鉶原在東房中南上，此時取而實之，復反于東房之位。

## 執事之俎，陳於階間，二列，北上。

注云：「執事謂有司及兄弟，……祝主人主婦之俎亦存焉。」以記，佐食、長兄弟、宗人，宗婦皆有俎，正義引高愈云：「此時尸俎之外凡有十三俎，主人俎也，主婦俎也，祝俎也，佐食俎也，賓俎也，長兄弟俎也，內賓俎也，宗婦俎也，公有司俎也，私臣俎也，蓋皆得以執事名之者也。」又記云：「祝俎，髀脡，脊二骨，脅二骨，膚一，離肺一。阼俎、臂、正脅二骨，橫脊長脅二骨，短脅、膚一，離肺一。主婦俎觳折，其餘如阼俎。佐食俎、觳折、脊、脅、膚一，離肺一。賓骼，長兄弟及宗人，折，其餘如佐食俎。衆賓及衆兄弟，內賓，宗婦，若有公有私及私臣，皆殽脅，膚一，離肺一。」又經云兩列，則東列之俎當係主人，主婦，衆兄弟，西列則賓與衆賓。又記云：「公有私……獻次衆賓，私臣，……獻次兄弟，……宗人獻與旅齒于衆賓，佐食，於旅齒于兄弟。」則私臣與佐食之俎當在東列，公有司與宗人之俎則在西列也。

## 盛兩敦，陳于西堂，藉用萑，几席陳于西堂，如初。

案視濯時經云：「几席兩敦在西堂」，以行文次序及設時先後考之，知由北而南依次爲几席敦，正義引胡承珙云：「士虞禮饌黍稷二敦于階間，西上。」又士昏禮於對席之設亦黍西稷東，此處兩敎，似亦如彼而設也。

尸盥匜水，實于槃中，簞巾，在門內之右。

注疏皆以門內之右爲門東，盛世佐云：「案下經：『尸入門左，北面盥。』則槃匜之屬在門內之西明矣，門西曰右者，從堂上視之也，必在門西者，取其便于尸盥，且與洗位相變。」盛說固自有理，但儀禮水位皆在東方（士虞在西方，注以爲「反吉」），且儀禮門右皆爲門內之東，則此水亦應在東方，至尸入時，奉至門西也。

祝筵几于室中，東面。

按士昏禮納采：「主人筵于戶西，西上，右几。」奧見鄭良樹宮室篇。

主婦纚笄，宵衣，立于房中南面，主人及賓、兄弟、羣執事卽位于門外，如初。

纚笄，宵衣，見陳瑞庚服制篇。如初者，如筮日之位。

宗人告有司具，主人拜賓如初，揖入卽位，如初。

宗人告者告主人也，有司具者，具備祭時所用之物，宗人告時之面位，當一如前，卽東北面而告，告後復其賓西北東面之位。於是主人拜賓，亦如初，卽主人再拜，賓答再拜，主人三拜，衆賓答再拜，皆東西面，拜畢，卽揖入廟門，卽位于堂下兩階之外，所謂如初者也。

佐食北面立于中庭。

佐食門內之位，記云：「佐食當事則戶外南面，無事則中庭北面。」此時無事，故使立于中庭北面也。

按以上祭日諸物之陳設及位次，以經云：「宗人告有司具」，則凡陳設之事，均有司任之也，此時陳設既具，執事人等各卽其位，祭禮於焉開始。

## 七　陰厭

主人及祝升，祝先入，主人從，西面于戶內。

祝之位，少牢云：「祝先入，南面。」凌氏釋例云：「凡尸未入室之前，設饌于奧謂之陰厭。」此陰厭之意也。鄭玄引少牢云：「祝盥於先，升自西階，主人盥，升自阼階，祝先入，南面。」按此處經文但云：「主人及祝升」，是主人先升阼階，祝隨升西階，既升，祝先入室，立于室北南面，主人從入，立于戶內西面。主人與祝升堂之前，各盥于洗，如少牢禮也。又按陰厭者，禮記曾子問云：「無肵俎，無玄酒，不告利成，是謂陰厭。」

主婦盥于房中，荐兩豆，葵菹，蝸醢，醢在北。

注云：「主婦盥，盥于內洗；昏禮，婦洗在北堂，直室東隅。」薦兩豆者，薦于室中筵前也；主婦洗于北堂後，于房中取兩豆入室，設于筵前，豆中實者，葵菹、蝸醢、醢在北，則菹在南矣。

宗人遣佐食及執事盥，出。

出者，出廟門也，按下經云：「宗人執畢先入」，則宗人蓋率佐食及執事盥而出。

主人降，及賓盥，出，主人在右，及佐食舉牲鼎，賓長在右，及執事舉魚腊鼎，除鼏。

盥洗之面位，鄉飲酒云：「主人，……南面，……沃洗者，西北面。」敖繼公云：「賓長在右，謂長賓在魚鼎之右，衆賓長在腊鼎之右也。凡吉事除鼏于外，凶事除鼏于內，除鼏亦右人。」則主人與佐食舉豕鼎，主人在右，賓長與衆賓長亦在右，與執事共舉魚鼎，腊鼎。左右者，以舉鼎人面向之左右爲左右，此時鼎北面，舉者當亦北面，右，則鼎東也。主人與賓長先除鼏，按下經云：「右人抽扃，委于鼎北。」又士喪小斂章：「取鼏委于鼎北，加扃不坐。」則此鼎鼏亦當委于鼎北也。敖氏所謂鼏之除于外內，按之儀禮全經，其說是也。以除鼏亦爲右人者，士喪小斂章：「右人左執匕，抽扃予左手並執之，取鼏，委于鼎北，加扃不坐。」士虞反吉，則左人抽扃鼏，敖蓋本士喪也。

**宗人執畢先入，當阼階，南面。**

畢，簡本作樺。注：「狀如叉，蓋爲其似畢星取名焉。……既錯，又以畢臨匕載，備失脫也。」大射禮三耦射後取矢射禮第一番竟章云：「司馬正東面以弓爲畢」注：「畢，所以教助執事者。」簡本畢作繹，按一从木，一从糸，則非一物明矣，自賈疏以來，不知特牲之畢非大射之畢，附會爲說，此不具辯。但禮記雜記上云：「批以桑（卽匕，簡本儀禮匕作朼）長三尺，或曰五尺。畢以桑，長三尺，刋其柄與末。」則匕，畢二物，用或相同，其形則異。

**鼎西面錯，右人抽扃，委于鼎北。贊者錯俎，加匕，乃朼。**

注云：「贊者，執俎及匕從鼎入者，其錯俎，東縮，加匕，東柄，既則退。而左人北面也。」乃朼注：「右人也。……左人載之。」又公食：「右人抽扃。……左人待載。」按士昏禮云：「鼎入，陳于阼階南西面北上」，則此時鼎亦在阼階南也。鼎在門外時北面，故舉者亦北面，既入西面，知舉鼎者亦西面，一南一北夾鼎而立，於是右人抽扃，委于鼎北，此時贊者執俎及執匕者从入。注云：「少牢云：『俎皆設于鼎西，西肆。』又云：『匕皆加于鼎，東枋。』」，按少牢將祭載俎節：「肵俎于阼階西，西縮。」敖繼公云：「西縮，猶西肆也。」又特牲記云：「篚在洗西，南順。」注云：「順，從也。」故知執俎者設俎于鼎西，東縮，執匕者于鼎東加枇於鼎上，東枋。贊者既設俎匕，皆退，於是左人由西面而北面于俎南（北面，當執俎，故右人匕也。）右人西面於鼎東，右人枇，左人載，士昏云：「北面載」是也。

**佐食升肵俎，鼏之，設于阼階西。**

按記云：「肵俎，心舌皆去本末，午割之，實于牲鼎，載，心立，舌縮載。」少牢云：「心舌載于肵俎。」凌氏釋例云：「凡肵俎，尸未入，先設于阼階西，特牲少牢皆然，先設于阼階西者，事未至也，尸既入，主人乃親設于俎北。」按少牢云：「佐食遷肵俎于阼階西，西縮，乃反。」則此時牲鼎之西，應有二俎，一以盛肵俎心舌，一以盛牲，肵俎先載，佐食先設于阼階西，復反于正俎南，再載豕俎，於是乃卒載也。

**卒載，加匕于鼎。**

注云：「畢亦加焉」，正義云：「謂宗人執畢載訖亦加于鼎也。」方載鼎實于俎時，宗人執畢助主人載，既已卒載，則右人皆加匕于鼎，初匕爲東枋，則此時亦當東枋也，宗人所執之畢，亦加于牲鼎，亦當東枋也。

**主人升，入復位。**

主人既入復位，賓長宗人亦當復其西階下東面之位，此時阼階南爲三鼎之左人在焉，即佐食與二執事，俟主人既入復位，乃升俎入室也。

**俎入，設于豆東；魚次，腊特于俎北。**

記云：「尸俎：右肩、臂、臑、肫、胳、正脊二骨、橫脊、長脅二骨、短脅、離肺一，刌肺三。」又：「腊如牲骨。」正義云：「俎入謂自阼階入室而設于尸位之前。」張爾岐云：「俎入設于豆東，豕俎當菹豆之東也，魚次，魚又次豕東也；腊特俎北，則與醢相直而正方。」按前主婦已先設兩豆菹醢于筵前，今又加三俎也。又正義云俎入自阼階，不知何據；少牢云：「佐食上利執羊俎，下利執豕俎，司士三人執魚腊膚俎，序升自西階。」特牲雖非大夫禮，然于此等處應無階級之分，正義之說或非，當自西階升俎也。

**主婦設兩敦黍稷于俎南，西上，及兩鉶芼設于豆南南陳。**

案上經云兩敦設于西堂，主婦當係自東房中出，取諸西堂，入室而設之，既設，仍返房中也，取鉶而設。

**祝洗，酌奠，奠于鉶南。遂命佐食啓會，佐食啓會，卻于敦南，出立于戶西，南面。**

上經祝入室南面而立後，即未有所行動，然此時洗而酌奠，尸入九飯章云：「尸舉奠；左執觶。」禮記禮器：「宗廟之祭，尊者舉觶。」記云：「水在洗東，篚在洗西，南順，實二爵，二觚，四觶，一角，一散。」注云：「四觶，一酌奠。」是祝至堂下篚中取觶，洗，升酌戶外尊，入而奠之也。祝既奠，遂復室北南面之位，命佐食啓會，佐食以俎入室後，當卽出立于戶西南面，蓋當事時之位也，祝命，遂入而啓會，却于敦南，復戶外西方南面之位。按此時筵前所陳者已爲陰厭之所須，茲圖表于左：

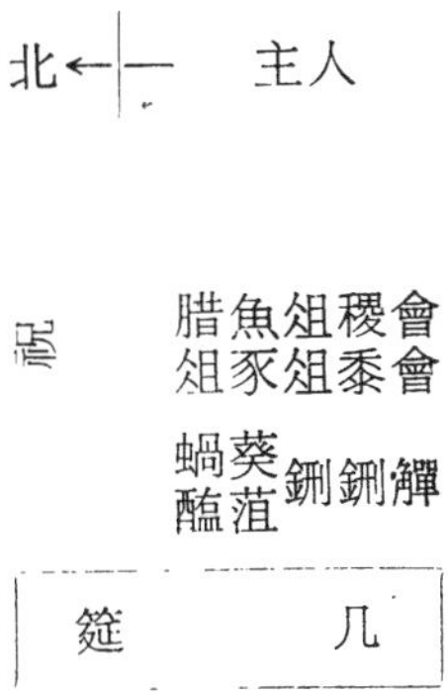


主人再拜稽首，祝在左，卒祝，主人再拜稽首。

下經嗣子長兄弟養章：「主人西面再拜。」凡主人拜尸，皆西面矣，主人本室內西面，祝本室北南面，此時祝乃就主人之左西面以祝，注云：「祝在左，當爲主人釋辭於神也，祝祝曰：『孝孫某，敢用剛鬣嘉薦普淖，用薦某事于皇祖某子，尙饗。』」按少牢陰厭祝辭云：「孝孫某，敢用柔毛剛鬣，嘉薦普淖，用薦歲事于皇祖伯某，以某妃配，某氏，尙饗。」鄭玄蓋本此。至此陰厭之禮卽告完成。

## 八　尸入九飯

祝迎尸于門外。

陰厭既畢，祝自主人之左出室而迎尸于廟門外，注云：「尸自外來，代主人接之，就其次而請，不拜，不敢與尊者爲禮。」按士冠禮注云：「次，門外更衣處也。」正義云：「就次，不出外門也。」知次之位在廟門外。以尸入門之位，則次或在門外西方也。

主人降，立于阼階東。

主人由室出而降堂，立于阼階下東方西面，主人之位也。

尸入門，左，北面盥，宗人授巾。

記云：「尸入，主人及賓皆辟位。」又上經祭日陳設及位次一章中，盥與簞巾設于門右，張爾岐云：「盥器設門右，今尸入門左，各執器就尸盥也。」宗人原在西階下賓西北東面，此時至門內東方簞巾處執巾至門西以授尸。尸北面盥，宗人授巾時之面位又如何？記云：「沃尸盥者一人，奉盤者東面，執匜者西面，淳沃、執巾者在匜北。宗人東面取巾，振之三，南面授尸，卒執巾者受。」執巾者在匜北，則亦如執匜者西面，此時授受俱對面也，尸北面盥，宗人東面受巾，三振，南面授尸，卒，又東面授執巾，事畢，當復其西階下東面之位，而後尸入。

**尸至于階，祝延尸，尸升入，祝先，主人從。**

少牢云：「祝先入門右，尸入門左。」知祝入時與尸異向，又注云：「延，進，在後詔侑曰延。……少牢饋食禮曰：『尸升自西階，入，祝從，主人升自阼階，祝先入，主人從。』」以鄭注延意觀之，則祝在尸後侑尸升階而入，則祝亦自西階升也。尸盥之時，祝當在門內東方，尸既盥，前行至西階前，祝則隨尸之後，乃延尸，隨尸升堂入室也。

**尸即席坐，主人拜妥尸。尸答拜，執奠，祝饗，主人拜如初。**

尸入室即席而坐，主人即位於戶內西面，祝當在主人之南西面以饗尸也。饗，注云：「勸彊之也，其辭，取于士虞記，則宜云：『孝孫某，圭爲孝薦之。』饗，舊說云：『明薦之』。」少牢云：「尸升筵，祝主人西面立于戶內，祝在左。」是也。尸所執奠，即祝奠于鉶南之觶也，以在尸之右，故必右手執之。主人拜如初而不言尸者，明尸不再答拜也。

**祝命挼祭，尸左執觶，右取菹，抨于醢，祭于豆間。**

祝在主人左西面命挼祭，挼祭者，注云：「祭神食也……墮與挼讀同。」少牢注云：「黍稷之祭爲墮祭。」按注云：「命詔尸也。」又士虞禮古文曰：「祝命佐食墮祭。」少牢禮祝于妥尸之後卽返室北方南面之位，與此異，彼鄭注云：「未有事也，……不命。」則此有事，不當反位矣。故祝既宣命，尸卽執觶，佐食自戶外西方南面之位入室以侑尸祭也。觶，簡本作「爵」。按下：「尸奠觶答拜」簡本觶作「觚」（卽觶，見說文），是此稱爵者，通稱也，凡飲器皆可稱爵，如下主人獻尸章：「尸；卒角」又言：「皇尸卒爵」也。詳見劉文獻器物篇。

佐食取黍稷肺祭授尸，尸祭之，祭酒，啐酒，告旨，主人拜，尸奠觶答拜。

肺，祭肺也。記云：「刌肺三」注云：「爲尸，主人，主婦祭。」此時尸左手執觶，故其受佐食黍稷刌肺必以右手，以此推之，知佐食在尸右。公食賓祭正饌章：「贊者東面坐取黍，……與以授賓。」又加饌章：「贊者北面坐取，……一以授賓。」按彼席南面，此席東面，此正祭之時，則佐食當北面取以授，故佐食在尸右北面。啐，注云：「入口也。」尸既啐酒，「告旨」，旨，美也。主人拜，西面拜也。奠觶亦當如陰厭時奠于鉶南觶之原位，至下「嗣舉奠」時舉之。

祭鉶，嘗之，告旨。主人拜，尸答拜。

祭鉶之時當是尸自取鉶而祭，不勞佐食也。

祝命爾敦，佐食爾黍稷于席上。

祝命者，命佐食也，佐食受命卽移黍稷于席上，以利尸食也。

**設大羹湇于醢北。**

注引士虞禮云：「大羹湇自門入。」正義云：「云大羹湇自門入者，以俎豆敦鉶皆先設之，惟大羹湇必俟尸入卽席後乃自門入設，故引士虞爲證。」設之者贊也。

**擧肺脊以授尸，尸受，振祭，嚌之，左執之，乃食，食擧。**

肺，記云：「尸俎……離肺一。」注云：「謂之擧肺。」士昏禮注云：「食時，所先擧也。」脊，記云：「正脊二」，少牢：「上佐食擧尸牢肺、正脊以授尸。」擧肺脊者，言佐食擧以授尸也。尸右手受之，既振祭，嚌之，乃交于左手，於是乃食。乃食，食黍稷也。士昏禮云：「贊爾黍，授肺脊，皆食，以醬湇。皆祭擧，食擧也。」注云：「皆食，食黍也。」本篇嗣子長兄弟餕章：「皆取擧，祭食，祭擧，乃食，祭鉶，食擧。」是先食黍稷，再食肺脊也。

**主人羞肵俎于腊北。**

肵俎設于阼階西，有鼏，少牢禮云：「主人羞肵俎，升自阼階。」此不言出入升降者，省文也。既言「主人羞」，可知爲主人親任之。腊北者，設于腊俎之北也。

**尸三飯，告飽，祝侑，主人拜。**

士虞：「尸飯……三飯，……又三飯，……又三飯。」本篇同也。少牢云：「尸告飽，祝西面于主人之南，獨侑不拜，侑曰：『皇尸未實，侑。』」注云：「祝既侑，復反南面。」此處祝之動作與侑辭應同少牢也。

**佐食舉幹，尸受，振祭，嚌之。佐食受，加于肵俎，舉獸幹，魚一，亦如之。**

幹，注：「長脅也。」記云：「長脅二骨。」獸，注云：「腊魚體數與牲同。」舉幹者，舉豕幹也，佐食先舉豕幹，再舉獸幹與魚，尸受，皆振祭而嚌，還授佐食，佐食受而加于肵俎，此時尸左手執肺脊，故必以右手行之。

**尸實舉于菹豆，佐食羞庶羞四豆，設于左，南上，有醢。**

舉者尸左手所執肺脊也，此時實于菹豆之中，以備食庶羞也。陳設章云豆籩在房，此當自房中來。設於左者，少牢云：「上佐食羞胾兩瓦豆，有醢，亦用瓦豆，設于薦豆之北。」左，尸之左，北也。正義云：「大羹湆不過陳之而已，尸不祭不嚌，則固宜庶羞近而湆遠也，是庶羞四豆置于兩豆之左，亦從其類，少牢羞胾醢亦設于薦豆之北，當以湆南醢北爲是。」按上經「設大羹湆于醢北。」按醢者，正豆之醢，非此庶羞之醢，正義之說恐非。

又鄭注云：「衆羞以豕肉，所以爲異味，四豆者，膮、炙、胾、醢；南上者，以膮炙為上，以有醢，不得綪也。」按醢，簡本作「醬」，以注，則鄭時已作醢。少牢：「兩胾兩醢。」鄭云：「以有醢，不得綪。」不詳其意。

**尸又三飯，告飽，祝侑之，如初。舉骼及獸魚，如初。尸又三飯，告飽，祝侑之，如初，舉肩及獸魚，如初。**

記云：「尸俎……胳，右肩……。」如初者，謂如初三飯之動作禮儀也。

又按記有祭竈一章云：「尸卒食，而祭饎爨雍爨。」注云：「宗婦祭饎爨，亨者祭雍爨，用黍肉而已，無籩豆俎。」禮器云：『燔燎於爨，夫爨者，老婦之祭，盛于盆，尊于瓶。』按饎在西堂下，雍在門外東南北面，祭竈之儀，經記俱未明言，不知其詳也。

**佐食盛肵俎，俎釋三個。**

注云：「佐食取牲魚腊之餘，盛于肵俎，將以歸尸。俎釋三個，爲改饌于西北隅，遺之，所釋者，牲腊則正脊一骨，長脅一骨及臑，魚則三條而已。」按此言佐食於牲腊魚俎上每俎各留三枚，牲腊則正脊，長脊，臑各一，魚則三條。其餘均盛于肵俎，將歸諸尸也，下經云：「命佐食徹尸俎，俎出于廟門。」是也。又尸俎之牲體詳於記，計有：右肩、臂、臑、肫、胳、正脊二骨、橫脊、長脅二骨、短脅、膚三、離肺一、刌肺三、魚十有五、腊如牲骨。而此時之所釋者必正脊，長脅及臑者，或當時以此爲貴也。

**擧肺脊加于肵俎，反黍稷于其所。**

按上經云：「佐食爾黍稷于席上。」又「尸實擧于菹豆」此時佐食將尸所置于菹豆之肺脊反于肵俎。注云：「尸授佐食，佐食受而加之，反之也，肺脊初在菹豆。」反黍稷于其所者，反其筵前俎南之位也。

以上爲尸八九飯之儀，茲將筵前諸物之陳設位次圖表于次，並與張惠言儀禮圖互校，以明張氏之譌也！

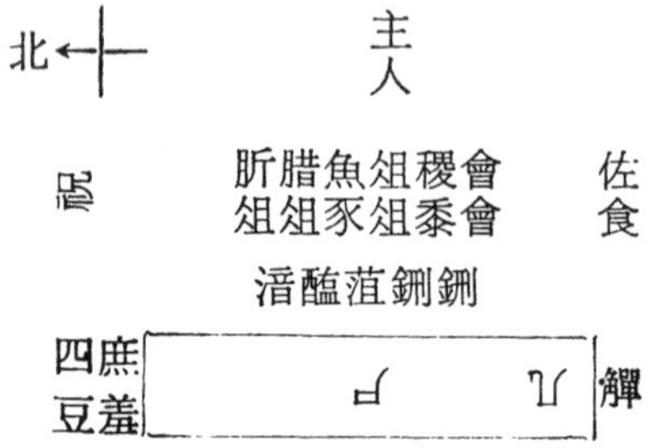


儀禮圖

訂正圖

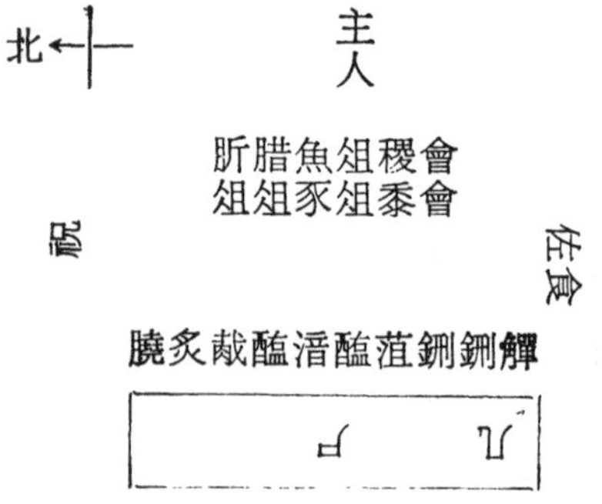

## 九　主人初獻

主人洗角，升酌，酳尸。

祉記禮器：「宗廟之祭，卑者舉角。」注云：「酳，猶衍也。」按記云：「篚在洗西，有角一，即主人持以洗酌者。兩尊設云室外戶東，玄酒在西，主人酌者，酌醴酒也。少牢云：「主人降洗爵，升，北面酌酒。」知主人酌時北面。又下經云：「主人拜受角，尸拜送，主人退。」不言易位，則主人獻角時亦趨尸前西面而獻，尸即席上東面而受也。

尸拜受，主人拜送，尸祭酒，啐酒，賓長以肝從。

少牢獻祝：「祝拜於席上，坐受。」則此亦應坐受，主人則坐授。曲禮：「受，坐不立。」下倣此。主人復原位，立拜，尸既祭酒啐酒，賓長乃以肝從，注云：「肝，肝炙也。」詩行葦：「或燔或炙」。少牢云：「賓長羞牢肝，用俎，縮執俎，肝亦縮，進末，塩在右。」張爾岐云：「疏云：塩在肝右，據賓長西面手執而言，若至尸前，塩在尸右，尸以右手取肝，向左揳之，便也。」士虞：「賓長以肝從，……反俎于西塾，復位。」此吉禮，應在東塾。賓長既進肝後，尸祭，嚌畢，乃以俎退。

尸左執角，右取肝，抨于鹽，振祭，嚌之，加于菹豆，卒角。

尸本兩手執角，今言左執角者，交角于左，將以右手取肝故也。尸既嚌肝，乃實之于菹豆之中，卒角之時，當係以兩手執角而卒之也。

祝受尸角，曰：「送爵，皇尸卒爵。」主人拜，尸答拜。

祝無事時在尸北南面，此有事，當由南面之位，進于尸右，西面坐受角，還主人之左西面，告主人也。注云：「曰送爵者，節主人拜。」吳氏疑義云：「告主人言所送爵已卒爵也，卒爵應拜，故曰節主人拜。」祝既告訖，主人即拜也。

祝酌授尸，尸以醋主人，主人拜受角，尸拜送，主人退。

祝執所受于尸之角，出室外戶東酌而授尸，注云：「祝酌不洗，尸不親酌，尊尸也。」主人坐而拜受，下言主人退，知主人進而拜受也。上經九飯後，未言尸有所動，明尸此時仍坐于席上東面，祝似應尸右北面坐授之。主人則進坐受于席前，應西面，後興而復其位。

以下挼祭

佐食授挼祭，主人坐，左執角，受祭，祭之，祭酒，啐酒，進聽嘏。

注云：「佐食授之挼祭，亦使祭尸食也。其挼祭，亦取黍稷肺祭。」是佐食所挼，主人所祭者，尸挼祭之食也。自尸九飯後，佐食在尸右北面之位不動，挼祭者，至此取尸之挼祭，當北面授主人，挼祭之物黍稷肺祭也，於是主人坐受而行挼祭，既啐酒，興而進于尸前西面，坐以聽嘏。

以下尸醋主人

**佐食摶黍授祝，祝授尸，尸受以菹豆，執以親嘏主人。**

佐食當尸右北面取黍，以黍雖反其所，但主人適坐筵前，無從西面取矣。祝是時西面（以有事主人左西面）或即北面授之，祝之授尸，似應尸右北面也。佐食授祝，祝受而授尸，尸受以菹豆，執之而嘏主人，此時授尸者，應均以兩手，唯主人左手尙執角，故僅能以右手受也。按少牢嘏辭云：「皇尸命工祝，承致多福無疆于女孝孫，來女孝孫，使女受祿于天，宜稼于田，眉壽萬年，勿替引之。」此處主人所受之嘏當亦如之。

**主人左執角，再拜稽首受，復位，詩懷之，實于左袂，掛于季指，卒角，拜，尸答拜。**

注引少牢云：「興受黍，坐振祭，嚌之。」按少牢云：「主人坐奠爵，興，再拜稽首，興受黍，坐振祭，嚌之，詩懷之，實于左袂，掛于季指，執爵以興，坐卒爵，執爵以興，坐奠爵，拜，尸答拜，執爵以興，出。」叙述甚詳，以彼例此，此處主人之動作當如下：「主人左執角，奠之，再拜稽首，興，受黍飯，坐振祭，嚌之，左執爵以興，復位，坐奠爵，詩懷黍飯，實于左袂，掛于季指，卒爵，奠爵，拜，執爵興，出。」但少牢尸嘏主人時，祝代之，故主人無變位，此則尸親嘏，故進退之儀，與少牢略異。

**主人出，寫嗇于房，祝以籩受。**

主人自室出，祝從，主人入于房中寫左袂中之黍飯，祝以籩受，其面向不詳。

### 以下主人獻祝

**筵祝南面，主人酌獻祝，祝拜受爵，主人拜送，設菹醢俎。**

有司筵祝，室中南面，主人酌而入室獻之，少牢獻祝云：「祝拜于席上，坐受，主人西面答拜。」主人授時似北面，亦坐而授拜。鄭注云：「菹醢，皆主婦設之，佐食設俎。」主婦既北面設，回于房中，佐食則北面設俎，仍尸右北面。

**祝左執角，祭豆，興，取肺，坐祭，嚌之，興，加于俎，坐祭酒，啐酒，以肝從，祝左執角，右取肝擩于鹽，振祭，嚌之，加于俎，卒角，拜，主人答拜，受角。**

按記云：「祝俎、髀脡、脊二骨、脅二骨、膚一、離肺一。」祝俎原在兩階間，注云：「佐食設俎」，執事執肝俎進，祝以右手取之，知肝俎在祝右，祝南面，則肝俎當東面。祝既嚌肝復加于肝俎，執肝俎者退。肝俎位亦當如尸之肝俎，主人亦西面坐答而受爵也。

以下主人獻佐食

酌獻佐食，佐食北面拜受角，主人拜送。佐食坐祭，卒角，拜，主人答拜，受角，降，反于篚，升，入復位。

案少牢獻佐食云：「主人酌獻上佐食，上佐食戶內牖東北面拜，坐受爵，主人西面答拜，佐食祭酒，卒爵，拜，坐授爵，興。」是主人西面授而西面答拜。」此言「主人拜送」而後言「坐祭」，則立授受也。注云：「佐食不得成禮于室中，……有脅而無薦。」疏云：「有脅，即俎實是也；無荐，謂無菹醢也。」又下經獻賓章注云：「上佐食既獻則出就其俎，特牲記曰：『佐食無事，則中庭北面，謂此時。』」由是知獻佐食無菹醢與俎之設，以經推之，亦無筵之設。以鄭意，佐食既卒爵授爵，即興而出，就兩階間之俎。而主人受爵，反之于篚，入室復西面之位，初獻之禮於焉完成。

## 十 主婦亞獻

主婦洗爵于房，酌，亞獻尸。

案本篇記：房中無篚，爵在堂下之篚。酌者，記云：「尊兩壺于房中西墉下。」婦當酌此尊。

又少牢云：「有司贊者取爵于篚以升，授主婦贊者于戶外，婦贊者受，以授主婦，主婦洗于房中，出酌，入戶，西面拜，獻尸。」注引士昏禮云：「婦洗在北堂，直室東隅。」此處授受之儀，似當如少牢，卽贊者授主婦贊者于房戶外，婦贊者受，以授主婦。婦贊者在房戶外之位，以戶東南面爲是，以戶西有兩尊也，南面者準佐食室戶外之面位也。主婦房中之位南面，婦贊者入授爵，當係北面。主婦洗于房，房中西面酌于尊，而入室西面于主人之南拜而獻尸，北面拜則拜在主人之南也。

尸拜受，主婦北面拜送。

注云：「北面拜者，避內子也，大夫之妻拜于主人北西面。」按少牢：「尸拜受，主婦于主人北西面拜送爵。」

宗婦執兩籩，戶外坐，主婦受，設于敦南。

記云：「宗婦北堂，東面北上。」又：「（籩）棗烝，栗擇。」宗婦無事，則北堂東面北上，籩在房中西墉下，宗婦執而坐于戶外，以其自房來，似當西面而坐，以放時「棗在西」（見下引士虞鄭注），則在戶外時執棗籩者在北矣。設于敦南者，敦南有會，故實設于會南也，設時似應西面也。案士虞禮：「主婦亞獻尸，自反兩籩棗栗，設于會南，棗在西。」鄭注云：「兩籩，棗、栗、棗在西。」其設當西面也。

祝贊籩祭，尸受，祭之，祭酒，啐酒。

初獻時亦是祝贊尸，故此時祝自南面之位來尸右北面以贊尸，尸應如上經，左執爵，右受棗栗祭之，兩手祭酒，啐酒。

兄弟長以燔從，尸受，振祭，嚌之，反之。羞燔者受，加于肵，出。

注云：「燔，炙肉也。」長兄弟以燔俎入，亦應坐于尸右北面進燔，尸當亦左執爵，右受之以行禮，禮畢，反燔于俎上，長兄弟加于肵俎上，出復位。案燔俎之作用一如上經之肝俎也，士虞：「羞燔俎在內西塾。」則此應在內東塾上也。

尸卒爵，祝受爵，命送如初。

命應在主人之左西面，命送如初者，祝命主婦拜送爵如主人初獻之禮也。上經云：「祝受尸角，曰：『送爵，皇尸卒爵。』主人拜，尸答拜。」此處亦當如是。

以下尸酢主婦

酢，如主人儀。

注云：「尸酢主婦，如主人儀者，自祝酌至尸拜送，如酢主人也，不易爵，避內子。」按少牢尸酢主婦時，易爵，故注云此不易爵以避內子，然少牢易爵下注云：「男女不相襲爵。」又祭統謂「酢必易爵」，明夫婦之別，非謂內子尊故易之也。鄭說非也，此處仍應如初獻尸時有司贊者「易」爵于堂下篚耳。

以下挼祭

主婦適房，南面，佐食挼祭，主婦左執爵，右撫祭，祭酒，啐酒，入，卒爵，如主人儀。

注云：「撫挼祭，示親祭，佐食不挼而祭于地，亦儀簡也，入室卒爵，于尊者前成禮，明受惠也。」主婦適房時，佐食携尸之黍稷及肺祭而從，是時佐食似應東面授之（如授主人），主婦既撫祭啐酒，重入室而卒爵，一切如主人儀矣。

以下主婦獻祝

獻祝，籩燔從，如初儀。

如初儀者，如主人獻祝之儀，唯有籩有燔耳，初獻主人筵祝，此時祝仍有筵也。少牢主婦獻祝：「主婦答拜于主人之北。」又獻佐食：「主婦西面答拜」，按主婦獻時，應在主人之北北面，拜則西面也。

以下主婦獻佐食

及佐食如初，卒，以爵入于房。

注云：「及佐食如初，如其獻佐食，則拜主人之北，西面也。」張爾岐云：「如初，如主人獻佐食之拜位，獻尸獻祝皆北面，此獨西面者，以佐食北面，不宜同面拜送也。正義曰：『少牢云：「主婦洗酌獻祝」，此亦當更爵洗于房中乃獻也。」按少牢獻尸主婦在主人之北，西面拜送爵，獻祝在主人之北，不言西面，當亦西面拜送爵。獻佐食，不言拜送爵位，今獻尸時言「北面拜送」不言在主人何方，鄭據少牢：「拜于主人北……。」此獻祝拜送似當如少牢，獻在佐食之前西面，拜送則在主人之北西面也。

以上主婦亞獻之禮成。

## 十一 賓三獻

賓三獻如初，燔從如初，爵止。

注云：「初，亞獻也，尸止爵者，三獻禮成，欲神惠之均於室中，是以奠而待之。」如初者，謂拜受拜送之儀如初。三獻承亞獻之後，故以初為亞獻也，主婦亞獻，荐兩籩，此無籩，但有燔從，故言燔從如初，以別之也。陰厭是：「祝奠于鉶南。」此亦應爾，案爵將用者奠于右，以下將舉也。注云：「欲神惠之均於室中，是以奠而待之。」下經云尸卒爵，故知尸奠爵于右備用。又記云：「賓與長兄弟之荐，自東房，其餘在東堂。」知賓荐自東房來也。

**以下主婦致爵主人**

**席于戶內。**

注云：「爲主人鋪之，西面，席自房來。」此有司主其事也。

**主婦洗爵，酌，致爵于主人，主人拜受爵，主婦拜送爵。**

主婦之爵其所來處，當如亞獻之時，詳上又。此處主婦似當東面致爵。注云：「主婦拜，拜于北面也。」則在主人之右南面，案主婦亞獻時，於尸祝均北面拜，獻佐食時則西面拜，此時主人西面，故主婦拜北面也。

**宗婦贊豆如初，主婦受，設兩豆兩籩，俎入設。**

主婦亞獻時，宗婦贊兩籩戶外坐，此時亦當如無耳，上言豆，下言豆籩者，士喪設小斂奠章「脯醢」下小斂奠時言「豆錯」，讓大斂奠時：「兩豆兩籩」，設大斂奠時只言「設豆」，本篇獻賓與兄弟章荐脯醢下言：「祭豆……坐絕祭。」絕祭指脯言，是籩統言之，亦可稱豆。注云：「主婦荐兩豆籩，東面也。」又鄭注謂佐食設俎，初獻獻祝時設俎，鄭亦云然，案有司徹下大夫不儐尸章，主婦致爵于主人時，謂佐食設俎，鄭說當據有司徹也。

主人左執爵，祭薦，宗人贊祭。奠爵，興取肺，坐絕祭，嚌之，興，加于俎。坐挩手，祭酒，啐酒。

主人左執爵，則其行禮時用右手，是宗人贊祭之位似應在主人之右南面，宗人在陰厭之後，即復其庭中西階下東面之位，至此時，則入室贊主人也。

肝從，左執爵，取肝揳于鹽，坐振祭，嚌之，宗人受，加于俎，燔亦如之，興，席末坐卒爵，拜。

有司執肝而入，於主人右南面授主人，上經云：「坐挩手，祭酒，啐酒。」未見主人之興，此處復言坐振祭者，欲明振祭皆坐而行之也。宗人受肝加于肝俎之上，燔亦如之者，從肝而入，主人祭嚌之儀與肝同，唯燔俎無鹽。肝，燔之事既畢，主人興，坐于席末（席北首，詳見張光裕士昏篇）而卒爵，拜。

以下主婦自醋

主婦答拜，受爵，酌醋，左執爵，拜，主人答拜，坐祭，立飲，卒爵，拜，主人答拜。

按下經鄭注云：「主人更爵自酢，男子不承婦人爵也，祭統曰：『夫婦相授受，不相襲處，酢必易爵。』明夫婦之別。」則此處主婦受爵而出，必易爵而酌以自酢也，主婦行禮時當如獻尸，獻祝，北面也。

以下主人致爵于主婦

主婦出，反于房，主人降，洗，酌，致爵于主婦，席于房中南面，主婦拜受爵，主人西面答拜。

主人致爵時當係北面，主婦拜受爵，少牢：「南面拜受爵。」主人旣致爵，乃於主婦之左西面之位答拜。

宗婦薦豆，俎，從設皆如初。

豆者，以主婦致爵主人時兩豆，兩籩，此亦應爾。以此言「皆如初」也。上經注以爲俎係佐食所設，則此亦應爾，從獻者肝俎，燔俎也。皆如初，如主婦致爵主人也。

以下主人自醋

主人更爵酌醋，卒爵，降，實爵于篚，入復位。

主人自醋亦應在房中西面之位，其儀如主婦自酢，唯當坐飲。入者入于室也。

三獻作止爵，尸卒爵，酢。

止爵者，上經賓三獻時「爵止」之止爵也。注云：「賓也，謂之獻者，以事命之；作，起也；舊說云：『賓入戶，北面曰：「皇尸請舉爵」』」按鄭所謂舊說者，可從也。尸既卒爵，即酢賓，注云：「其酢當亦祝酌尸拜送，如初獻之儀。

以下獻祝及佐食

酌獻祝，及佐食。

注云：「賓獻祝及佐食」，其儀當亦如初獻時也。下節鄭注：「凡獻佐食皆無從。」

以下致爵主人主婦及自酢

洗爵，酌致于主人主婦，燔從皆如初，更爵，酢于主人，卒，復位。

集上經主人主婦獻皆至佐食而止，後另獻賓，今賓獻祝及佐食畢，隨致爵於主人主婦，故注云：「洗乃致爵，爲異事新之。」賓更爵，酢于主人者，即謂賓自酢也，賓致爵于主人之婦，乃惟酢于主人者，正義曰：「禮于尊者，猶主人偏獻衆賓；而惟酢于賓長也。」又鄭注云：「燔從皆如初者，如亞獻主人，主婦致爵也。」

以上賓三獻之禮成。

## 十二　獻賓與兄弟

主人降阼階，西面拜賓，如初，洗。

注云：「拜賓而洗爵，爲將獻之。如初，視濯時，主人再拜，賓答拜，三拜衆賓，衆賓答再拜者。」按上經視濯章云：「主人再拜，賓答再拜。簡本作「賓答拜」與注同。

賓辭洗，卒洗，揖讓升，酌，西階上獻賓。賓北面拜受爵，主人在右答拜。

鄉飲酒禮：「主人坐取爵于篚，降洗，賓降，主人坐奠爵于賓前，辭，賓對；主人坐取爵，興，適洗，南面坐奠爵于篚，下，盥洗，賓進，東北面辭洗，主人坐奠爵于篚，興，對，賓復位，當西席東西。主人坐取爵，沃洗者西北面。」有司徹主人獻尸章致爵節：「主人降，洗，尸侑降辭洗，主人對，卒洗，揖主人升，尸侑升。」賓辭當東北面，洗則南面，沃洗者西北面。經云：「主人在右答拜。」注云：「主人在右，統于其位。」下經獻衆賓時，主人在堂下西階前「北面酬賓，賓在左。」按此處與下經之皆北面者，或以尸在室與，注所云在右，蓋兼獻賓與答拜而言，主人在東階上皆北面拜，此時統于賓位，亦當仍其在東階上之面位也。

荐脯醢，設折俎。

正義曰：「薦脯醢謂薦豆籩也，脯籩實，醢豆實。」

賓左執爵，祭豆，奠爵興，取肺，坐絕祭，嚌之，興加于俎，坐挩手，祭酒，卒爵。

祭豆，下云：「奠爵興」，是執爵坐而祭也。案記云：「賓與長兄弟之薦，自東房，其餘在東堂。」上經凡薦豆籩，皆主婦設之（經），俎則佐食設之（注），今薦在東房，主婦執而設之，賓俎在兩階之間，佐食取而設之。按記，賓俎有骼，觳折，脊，脅，膚一，離肺一。又此言祭豆者應是指籩實而言，即脯也。

拜，主人答拜，受爵，酌酢，奠爵拜，賓答拜。

主人答拜後受爵，酌而自酢，奠爵興而拜，賓答拜。

主人坐祭，卒爵，拜，賓答拜，揖，執祭以降，西面奠于其位，位如初，薦，俎從設。

主人坐祭，卒爵，興而拜，賓答拜後，主人向賓一揖，賓乃執上所奠之脯肺而降，西面設于其西階下東面之位，復東面位爲初。有司執薦俎從設，注引少牢云：「宰夫執薦以從，設于祭東，司士執俎以從，設于薦東。」是皆有司爲之也。

下獻衆賓

**衆賓升，拜受爵，坐祭，立飲，薦俎設于其位。辯，主人備答拜焉，降，實爵于篚。**

上經主人卒爵拜後，賓卽降，主人亦當執爵興，酌以備獻賓，此時當無須更爵，卽以此爵備獻衆賓，衆賓拜受，坐祭立飲，薦俎設于其位，此時薦俎當有司設之，其行禮面位應一如獻賓之時。禮旣畢，主人乃降，實爵于篚。又按記云：「公有司門西，北面，東上，獻次衆賓，……升受，降飲。」則公有司在衆賓之位受獻。

以下酬賓及兄弟

**尊兩壺于阼階東，加勺，南枋，西方亦如之。**

正義云：「阼階之東爲東方，西階下西爲西方，經互言之，東西方各二壺，則庭中凡四壺也。」注云：「爲酬賓及兄弟，行神惠不酌上尊，卑異之，就其位尊之。兩壺皆酒，優之，先尊東方，示惠由近，禮運曰：『澄酒在下』」按澄酒者沈齊也，濁滓已沈，其上爲淸者謂之。

**主人洗觶，酌于西方之尊，西階前，北面酬賓，賓在左。**

正義曰：「此尊亦北面酌，加勺于尊上而枋南，便執也。」注云：「先酌西方者，尊賓之義。」按主人取觶于洗西之篚，洗于阼階東南之洗，酌于西方之尊，則旣洗之後，當由堂下趨西方之尊以酌酒。

主人奠觶拜，賓答拜，主人坐祭，卒觶，拜，賓答拜。

正義曰：「此主人酌而自飲以導賓飲也。」主人北面于賓左，奠爵，興，北面拜，賓北面答拜，主人坐祭，卒觶，興拜，賓答拜，主人執觶興，洗。

主人洗觶，賓辭，主人對，卒洗，酌，西面，賓北面拜。

賓辭洗當如本章前節，東北面也。主人洗于阼階東南，酌于西方之尊，此時主人西面，注云：「西面者，鄉賓位，立于西階之前，賓所答拜之東北。」按賓北面拜，而主人西面，故知主人在賓右東北也，則賓東北面辭洗是也。

主人奠觶于薦北，賓坐取觶，還，東面，拜，主人答拜，賓奠觶于薦南，揖復位。

鄉飲酒記：「凡奠者於左，將舉於右。」此將舉而奠于薦北（左）者，注云：「奠酬于薦左，非為其不舉，行神惠，不可同於飲酒。」又云：「還東面，就其位薦西。奠觶薦南，明將舉。」按就經文推之，賓北面拜主人，坐取觶時亦應北面，既取，於是還東面拜，奠觶于薦南，其取奠之時，或者稍出于其位，故既奠觶于薦南矣，揖而復其原位。郝敬以為賓揖主人，是也，敖繼公以為揖復位者為主人，秦蕙由然其說，誤。

主人洗爵，獻長兄弟于阼階上，如賓儀，洗獻衆兄弟，如衆賓儀。

既如賓與衆賓儀，則主人皆先自酬，而後獻之，衆兄弟之酒酌于東方之尊。又記云：「私臣，門東，北面，西上，獻次兄弟，升受，降飲。」

洗獻內兄弟于房中，如獻衆兄弟之儀。

洗于堂下，酌，當于堂上之尊。注云：「內兄弟，內賓宗婦也，如衆兄弟，如其拜受坐祭立飲設薦俎于其位而立。」按記：「記設內尊與內兄弟面位旅酬贊薦諸儀。」章云：「尊兩壺于房中西墉下，南上，內賓立于其北，東面，南上，宗婦北堂東面北上。」上引本篇記鄭注云：「二者（內賓與宗婦）所謂內兄弟。內賓，姑姊妹也，宗婦，族人之婦。……其拜及飲者，皆西面主婦之東南。」又按下經云：「內賓之長，亦南面答拜。」故正義云：「故知先獻內賓，而酢者唯長一人矣，主人酢畢，出房，主婦乃洗爵，酬內賓之長，爲房中旅酬；始獻必主人，統於主祭也，酬必主婦，以洽歡心，男女之偏，不可瀆也。」按獻內兄弟之儀如獻賓與兄弟，唯賓與兄弟有堂上堂下之別，此則無也，故鄭注云：「不殊其長，略婦人也。」又內賓拜必南面，有司徹云：「主人洗，獻內賓于房中，南面拜受爵，主人南面于其右答拜。」此下云：「主人西面答拜。」是主人入房北面，內兄弟南面拜受爵，主人西面答拜。

主人西面答拜，更爵酢，卒爵，降，實爵于篚，入復位。

主人自酌亦當西面，主人唯酢內賓之長，故鄭注云：「爵辯乃自酢，以初不殊其長也。」主人酢畢出房，餘事則主婦當之也，故記云：「主婦及內賓宗婦亦旅」，注云：「其拜及飲者，皆西面，主婦之東南。」按主婦房中南面；酬飲者西面于其東南，授受之時，並授受也。

## 十三　長兄弟加爵、衆賓長加爵

長兄弟洗觚爲加爵，如初儀，不及佐食，洗致如初，無從。

注云：「大夫士三獻而禮成，多之爲加也。」正義云：「如初儀者謂長兄弟加爵獻尸拜受拜送諸儀如賓三獻也。下云如初謂洗爵酌致于主人主婦如賓三獻也。洗觚不及佐食，無從，是則言其異于初者，無從謂無從獻之肝燔也。」張爾岐云：「賓長獻十一爵，此長兄弟加獻，唯六爵，洗觚獻尸一也，尸酢長兄弟二也，獻祝三也，致爵主人四也，致爵主婦五也，受主人酢六也。」案此加爵少于賓三獻者，主人主婦互相間之致酢及佐食也。又案官獻瑤云：「加爵之意有二，一比於侑食勸飽之意，一使長兄弟衆賓長得以伸其敬也，及祝不及佐食者，佐食與旅而祝不與旅，非但禮殺而已，加爵而後致爵，亦以伸敬於主祭也；加爵用觚，別於正獻也，既致爵于主婦，乃更一觚以自酢，故篚實二觚焉，酢訖，降奠于篚。」按以男女不相承襲之意，則致爵于主婦時已更一觚，自酢時又更一觚，兩觚者，交替而用也。

衆賓長爲加爵，如初，爵止。

張爾岐云：「此衆賓長爲加爵，云如初，亦如賓長三獻，但尸受爵祭啐之後，即止而不飲。……衆賓長非三獻之賓，在庭衆賓中之長者也。」盛世佐云：「此加爵不言其器，蒙長兄弟之文也，獻用爵，加爵用觚，旅酬用觶，禮之差也。」盛氏之說是也，爵止當于右，備用也。

## 十四　嗣舉奠獻尸

嗣舉奠，盥入，北面，再拜稽首。

張爾岐云：「此下言主人嗣子飲奠獻尸，舉奠者，舉前陰厭時，祝所奠于鉶南之爵（觶）而飲之。」按舉奠者行舉奠之禮也。張謂舉爲舉奠觶，非也。鄭注：「凡非主人，升降自西階。」

尸執奠，進受，復位，祭酒，啐酒。

尸執陰厭時祝奠於鉶南之觶，嗣子進而受，西面，乃復北面之位，祭酒，啐酒。

**尸舉肝，舉奠，左執觶，再拜稽首，進受肝，復位，坐食肝，卒觶，拜，尸備答拜焉。**

案主人初獻時經云：「（尸）右取肝，擩于鹽，振祭，嚌之，加于菹豆。」此時尸所舉者即此也。又記之：「嗣舉，奠，佐食設豆鹽。」注云：「肝宜鹽也」是嗣子食肝時有豆鹽，此豆鹽應設于嗣子前。經云：「舉奠，左執觶，再拜稽首。」舉奠，即嗣子之代名，舉奠既有再拜稽首之禮，則觶宜奠之明矣，既拜稽首，乃進西面受肝，復北面之位，坐食肝以右手，左執觶當在此時，既食肝卒觶，於是興拜，坐執爵興而出。嗣子每拜時，尸必答拜，故云尸備答焉。

**舉奠洗酌入，尸拜受，舉奠答拜。**

舉奠執爵出洗，復酌而入，進尸前西面授尸，尸拜受，舉奠後北面之位答拜。

**尸祭酒，啐酒，奠之，舉奠出復位。**

奠之者，鄭注：「復神之奠觶」是仍奠之鉶南也。舉奠出，復東階下子姓兄弟西面之位也。

## 十五　旅酬

兄弟弟子洗酌于東方之尊，阼階前，北面，舉觶于長兄弟，如主人酬賓儀。

既云如主人酬賓儀，則兄弟弟子在左，奠觶拜，長兄弟北面答拜，兄弟弟子坐祭，卒觶，拜（興而後拜），長兄弟答拜。兄弟弟子洗觶，長兄弟辭，兄弟弟子對，卒洗，酌，東面，長兄弟北面拜。兄弟弟子奠觶于薦北（主人酬賓時「奠觶薦北」注云：「均神惠」，神在室，則此亦應奠薦北矣），長兄弟坐取觶，還西面，拜，兄弟弟子答拜，長兄弟奠觶于薦南，揖復位，按敖維公云：「是亦在長兄弟之右也，此有代主人酬長兄弟之意，故位與主人同。」敖說恐非，以長兄弟在阼階東西面之位，故兄弟弟子不得在其右也。

宗人告祭脀，乃羞。

宗人之位在西階下賓西北東面（詳陳設節）；燕禮記云：「脀，折俎。」有司徹旅酬云：「乃羞庶羞于賓，兄弟，內賓及私人。」按本章鄭注云：「脀，俎也；所告者衆賓，衆兄弟，內賓也。獻時設薦俎于其位，至此禮又殺，告之祭，使成禮也，其祭皆離肺，不言祭豆，可知也。」又云：「羞，庶羞也，下尸，胾醢豆而已，此所羞者，自祝，主人至於內賓，無內羞。」鄭云：「胾醢豆而已……無內羞」者，按有司徹庶羞及本篇，尸又三飯時言庶羞四豆，鄭以差等，故云此只醓醢。又內羞，有司徹羞於尸侑主人主婦章：「宰夫羞房中之羞，……皆右之。司士羞庶羞……皆左之。」鄭注云：「其籩，則糗餌粉餈，其豆則酏食糝食，庶羞，羊臐豕膮，皆有醓醢，房中之羞，內羞也。……。」此自尸以降，皆無糗餌，糝食等，故鄭知無內羞也。其實庶羞亦見于房中（本篇陳設章……「實豆籩鉶陳于房中。」有司主婦獻尸章：「主婦……入于房，取糗與服脩執以出。」與庶羞折言之，則自內羞耳。

**賓坐取觶，阼階前北面酬長兄弟，長兄弟在右。**

賓所取觶，卽主人酬賓時，賓奠于薦南者。

**賓奠觶拜，長兄弟答拜，賓立卒觶，酌于其尊，東面立，長兄弟拜受觶，賓北面答拜，揖復位。**

注云：「其尊，長兄弟尊也，此受酬者拜，亦北面。」以經文推之，賓既奠觶，興而後拜，坐執爵興，立飲，賓酌後東面立，長兄弟北面拜，西面受，賓北面答拜，長兄弟西面揖，賓乃復西階下東面之位。

**長兄弟西階前北面，衆賓長自左受旅，如初。**

注云：「初，賓酬長兄弟。」謂如賓酬長兄弟時奠觶拜受答拜也。

長兄弟卒觶，酌于其尊，西面立，受旅者拜受，長兄弟北面答拜，揖復位，衆賓及衆兄弟交錯以辯，皆如初儀。

其尊，賓尊也。受旅者，衆賓長也，揖，衆賓長揖也。如初儀者謂如賓酬長兄弟之儀也，其拜揖之面位，奠觶卒觶之節皆一也。

爲加爵者作止爵，如長兄弟之儀。

加爵者，謂衆賓長也，衆賓長加爵時，尸止爵而不飲，今旅酬西階一觶已畢，於是乃請尸舉所止之爵，張爾岐云：「如長兄弟之儀，其受尸酢，獻祝，致爵主人主婦，受主人酢皆同也，前作止爵，待致爵訖，此作止爵，在旅酬之間，故注云禮殺並作。」

長兄弟酬賓，如賓酬兄弟之儀，以辯，卒受者實觶于篚。

此酬賓之觶，卽上經兄弟弟子舉于長兄弟者也，鄭注云：「長兄弟酬賓，亦坐取奠觶，此不言交錯以辯，賓之酬不言卒受者實觶于篚，明其相报，禮終于此，其文省。」按此時房中宗婦之長亦舉觶以酬內賓，記云：「主婦及內賓宗婦亦旅，西面。」注云：「西面者，異于獻也。男子獻于堂上，旅於堂下。婦人獻于南面（見上經）旅於西面；內賓象衆賓，宗婦象兄弟，其節與其儀，依男子也。……其拜及飲者，皆西面，主婦之東南。」

賓弟子及兄弟弟子洗，各酌于其尊，中庭北面西上，舉觶于其長，奠觶拜，長皆答拜。

注云：「凡堂下拜，亦皆北面。」按賓弟子及兄弟弟子各酌于其尊者，賓弟子酌于西方之尊，兄弟弟子酌于東方之尊也，既奠觶，興而拜。其長，亦拜也，仍東，西面。

舉觶者祭，卒觶，拜，長皆答拜，舉觶者洗，各酌于其尊，復初位，長皆拜，舉觶者皆奠于荐右，長皆執以興。

舉觶者既北面拜，乃坐而祭，立卒觶。復初位者，中庭北面之位，長拜之後，舉觶者各東西面奠于其長之薦右，鄭注：「奠觶進，奠之于薦右，非神惠也。」長皆各東西面執觶而興。

舉觶者皆復位答拜，長皆奠觶于其所，皆揖其弟子，弟子皆復其位。

舉觶者既奠觶于其長之薦右，乃復中庭北面之位答拜，於是長各東西面又奠觶于其薦右，與各東西面而揖其弟子，弟子乃復其東西階下東西面之位。又記「羣吏面位獻法」一節注云：「（公有司，私臣）獻在後者，賤也，祭祀有上事者，貴之，亦皆與旅。」公有私獻次衆賓之後，私臣獻次兄弟之後，得獻雖後，與旅則同也。

爵皆無算。

注云：「賓取觶酬兄弟之黨，長兄弟取觶酬賓之黨，使唯己所欲，亦交錯以辯，無次第之數，因今接受，使之交恩定好，優勸之。」按方苞云：「長賓長兄弟各執其觶，不相授受而奠于所欲致者之所，所致者旣卒觶，其弟子爲之酌，又執以奠于所欲致者之所，而盡去彼此拜興之節，兩觶並行，不依其人之次，不計其爵之數，故總云曰無算爵。」案方氏之說頗能補鄭說之略，然當時是否如此，經之原意若何，則未可知也。

## 十六　佐食獻尸

利洗散，獻于尸，酢，及祝，如初儀。降，實散于篚。

利，鄭注云：「佐食也，言利，以今進酒也。」禮記禮器云：「宗廟之祭，貴者獻以爵，賤者獻以散。」酢，尸酢利也；及祝，利獻祝也。如初儀，如主人之獻尸，自酢，獻祝也。

## 十七　尸出歸尸俎徹庶羞

主人出，立于戶外西面，祝東面告利成

按禮經釋例云，「凡祭畢告利成，士禮則祝主人立于戶外。」此處言祝東面告利成，知在戶外東面也，注云：「不言禮畢，於尸閒之嫌。」

尸謖，祝前，主人降。

注云：「謖，起也；前猶導也，少牢饋食禮曰：『祝入，尸謖，主人降，立于阼階東，西面；祝先，尸從，遂出于廟門。』」，則祝既告利成，復入室，就西面之位，於是尸起身，祝在前導尸而降，自西階遂出廟門，主人遂降東階，主人不送尸出門，但立于阼階下西面之位，如少牢禮。

祝反，及主人入，復位。

祝送尸出廟門而返，自西階升，正義曰：「云及主人入者，則祝先可知。」按上經尸入九飯時，祝亦先入而主人從入也。復位者，祝復室內南面之位，主人復戶內西面之位也。按記云：「賓從尸，俎出廟門，乃反位。」注云：「賓從尸，送尸也，俎，尸俎。知賓在尸後而送尸於廟門之外，待尸俎出，而後入復東面之位。」記又云：「尸入，主人及賓皆辟位，出亦如之。」是尸出時，下西階，主人及賓辟于位，而後賓從尸出，送之于廟門外也。

命佐食徹尸俎，俎出于廟門。

命者，祝命也，以陰厭九飯皆祝命也，佐食在中庭北面，尸既出，乃戶外南面，既聞命，於是入徹俎，注云：「俎所以載肵俎，少牢饋食禮云：『有司受，歸之。』，歸之者，歸于尸家也。」此時俎出，送尸之賓乃入門復位。

徹庶羞，設于西序下。

敖維公云：「徹者，亦佐食也。」按經必于俎出廟門之後乃言徹庶羞者，以承上云「命佐食也」，則徹事羞佐食一人任之也。徹而設于堂上西序下，鄭云：「將以燕飲與！」又引尚書酒誥傳云：「宗室有事，族人皆侍終日，大宗已侍於賓奠，然後燕私。」是祭畢有燕飲之事，如鄭云然也。

## 十八　嗣子長兄弟𥲤

筵對席，佐食分簋鉶。

按下經：「𥲤者；升，入東面，長兄弟對，皆坐。」蓋是尸，主人席位。注云：「分簋者，分敦黍於會，爲有對也。」按上經尸親嘏時摶黍而不及稷，故此處但言分黍；鉶則有二，且以下陽厭時不用，故可分其一於對席也。

宗人遣舉奠及長兄弟盥，立于西階下，東面北上。

正義云：「北上，以嗣子爲上，尊維體也。」宗人在西階下賓西北之位東面，舉奠及長兄弟既盥，乃立西階下東面北上。

**祝命賞食，養者舉奠許諾，升，入，東面，長兄弟對之，皆坐。佐食授舉，各一膚。**

此時祝在室（見上章），養者舉奠在堂下，將何以命之？按是時佐食既分簋後即就戶外南面位，記云：「祝呼，佐食許諾」蓋由祝命佐食，佐食命養舉也。東面者，謂舉奠就尸席東面也，長兄弟對之，就對席西面之位也。於是佐食入室，就室內北面之位。在舉養之右，分授各一膚。又按上經尸入九飯章，尸既九飯，佐食盛肵俎，俎釋三個，記載尸俎有膚三，注云：「爲養用二」是也，此處言舉者，即膚也。

**主人西面再拜，祝曰：「養有以也」，兩養奠舉于俎，許諾，皆答拜，若是者三。**

以，鄭注：「以，讀如何其久也，必有以也，（按詩邶風旄丘）之以。……言女養此，當有所以也，以先祖有德而享于此祭，其坐養其餘，亦當以之也。」按，以因也，言因先德，而享且養。養者舉奠既受膚，於是主人戶內西面拜，拜訖，祝至主人左西面告養者二人曰「有以也」，兩養乃奠膚於俎，應祝命，皆答拜。鄭注云：「舊說曰：『主人拜下養（按養者）席南。』」又少牢注：『拜時或反其席，在東面席者，東面拜，在西面席者，皆南面拜。』」據此，則長兄弟當南面而答拜也。若是者三，注云：「告者三，諾者三，拜者三。」唯奠舉則一而止也。

皆取舉，祭食，祭舉，乃食，祭鉶，食舉。

兩籑既拜，南面拜者復西面位，於是舉前所奠於俎之膚，乃祭飯也，則祭左手之舉，以右手，以鉶黍在右也。既祭舉，乃食黍飯，再祭鉶而食舉。

卒食，主人降洗爵，宰贊一爵，主人升，酌，酳上籑，上籑拜受爵，主人答拜。

主人降洗爵，宰贊一爵，注引少牢饋食禮云：「贊者洗三爵，酌，主人受于戶內，以授次籑。」少牢四籑有四爵，主人自洗一爵，贊者贊三爵，此但二籑，故主人自洗一爵，宰贊一爵，主人亦受于戶內，以授長兄弟，當主人洗，升，酌時，宰亦洗升酌也。宰庭中之位，在西階下賓之西北東面，此時贊主人爵，既入室，在主人之右西面，如筮日贊命之位也。主人答拜，亦仍西面也。

酳下籑，亦如之。

鄭注云：「舊說云：『主人北面授下籑爵』」則下籑南面拜受爵，主人西面答拜。

主人拜，祝曰：「酳，有與也。」如初儀。

與，鄭注：「與，讀如『諸侯以禮相與』之與。言汝酳者，多有所與也，與者，與兄弟也，既知以祖先之德，與當與女兄弟。謂教化之。」張爾岐曰：「相與以尊先祖之德也。」主人西面拜，於是祝告兩嚢曰：「有與也」，如初儀者，亦如前之三告三諾三拜也。

兩嚢執爵拜，祭酒，卒爵拜，主人答拜，兩嚢皆降，實爵于篚。

拜時上嚢東面，下嚢南面，既拜，復位，祭酒，啐酒，卒爵，復西面位，主人亦西面答拜，下經云：「上嚢洗爵」則下嚢降後，卽復西階下東面之位。

上嚢洗爵，升，酌，酢主人，主人拜受爵，上嚢卽位坐，答拜。

按是時主人室中西面，則上嚢酢主人時，當東面授爵，卽授，乃就尸席東面之位坐而答拜。

主人坐祭，卒爵，拜，上嚢答拜，受爵，降，實于篚。

經云主人坐祭，則上拜受爵時立也，既卒爵，興而拜，上嚢坐答拜，興，前受爵，出，降，反爵于篚，復西階東面之位。

主人出，立于戶外，西面。

事嚢者之禮於此告成。

## 十九　改饌陽厭

**祝命徹阼俎，豆籩，設于東序下。**

按阼俎者，主人室內之俎也。賓三獻主婦致爵于主人時，爲主人席，主婦設兩豆兩籩，俎入設，鄭注云：「佐食設之」則此時祝仍命佐食徹之也，佐食前既授囊者舉，則當出就戶外南面之位，此時聞命，乃入徹也。

**祝執其俎以出，東面于戶西。**

按主人初獻獻祝時，曾爲祝設筵，亦佐食爲設俎，此時祝自執其俎出室，東面于戶西。

**宗婦徹祝豆籩入于房，徹主婦薦，俎。**

主婦薦，俎者，賓之獻後，主人致爵于主婦，席于房中，宗婦所薦豆俎也。此時宗婦並徹之。士虞禮云：「祝薦席徹入于房。」則徹時並席徹之也。

**佐食徹尸薦俎敦，設于西北隅，几在南，厞用筵，納一尊，佐食闔牖戶，降。**

厞，鄭注云：「隱也。」尊，戶外東方之壺，以西壺爲玄酒。降，就中庭北面之位。

祝告利成，降，出；主人降，即位，宗人告事畢。

以經言「祝東面于戶西」，「主人戶外西面」，是祝東面告也。主人降即位者，即堂下阼階下西面之位也，宗人在西階下東面之位，如告濯具（視殺視濯節），當亦東北面告主人事畢，亦以宣知於賓與兄弟也。又有司徹云：「祝告利成，降，乃執俎出于廟門外，有司受歸。」則此處祝俎，殆亦有司受而歸與！

## 二十　禮畢送賓

賓出，主人送于門外，再拜。

注云：「拜，送賓也，凡去者不答拜。」主人送賓于廟門外，再拜送之，賓去，拜皆東西面。

佐食徹阼俎，堂下俎畢出。

盛世佐云：「阼俎，主人之俎，前已徹設于東序下，至是復徹而藏之。」鄭注云：「兄弟及衆賓，自徹而出，唯賓俎，有司徹歸之，尊賓者。」按上經云：「賓出，主人送于門外。」是賓未自徹也，故鄭補敍之也。

以上特牲饋食之禮禮成。

中華社會科學叢書

# 儀禮士昏禮士相見之禮儀節研究
# 儀禮特牲饋食禮儀節研究

（儀禮復原研究叢刊）

作　　者／張光裕、黃啟方　著
主　　編／劉郁君
美術編輯／鍾　玟

出 版 者／中華書局
發 行 人／張敏君
副總經理／陳又齊
行銷經理／王新君
地　　址／11494 臺北市內湖區舊宗路二段181巷8號5樓
客服專線／02-8797-8396　　傳　　真／02-8797-8909
網　　址／www.chunghwabook.com.tw
匯款帳號／兆豐國際商業銀行　東內湖分行
067-09-036932　中華書局股份有限公司

法律顧問／安侯法律事務所
製版印刷／維中科技有限公司　海瑞印刷品有限公司
出版日期／2017年3月三版
版本備註／據1986年9月二版復刻重製
定　　價／NTD 390

國家圖書館出版品預行編目（CIP）資料

儀禮士昏禮士相見之禮儀節研究 ; 儀禮特牲饋食禮儀節研究 / 張光裕, 黃啟方著.— 三版. — 臺北市 : 中華書局, 2017.03
面 ; 公分.—（中華社會科學叢書）（儀禮復原研究叢刊）
ISBN 978-986-94064-4-4(平裝)
1.儀禮 2.祭禮
531.1　　105022779



*NO.F2007*
*ISBN 978-986-94064-4-4*（平裝）